BASISCH GENIESSEN

Das Säure-Basen-Kochbuch

Über die Autorin

Marie Gründel studierte Ernährungswissenschaften an der Justus-Liebig-Universität Gießen. Anschließend arbeitete sie mehrere Jahre in einem führenden deutschen Ratgeberverlag. Heute ist sie als Fachjournalistin für Gesundheits- und Genussthemen tätig.

Wichtiger Hinweis

Alle Angaben, Ratschläge und Tipps in diesem Buch wurden nach dem aktuellen Wissensstand sorgfältig erarbeitet. Dennoch erfolgen alle Angaben ohne Gewähr. Verlag und Autorin haften nicht für eventuelle Nachteile und Schäden, die aus den im Buch gemachten praktischen Hinweisen resultieren. Die in diesem Buch enthaltenen Ratschläge ersetzen nicht die Untersuchung und Betreuung durch einen Arzt.

BASISCH GENIESSEN

Das Säure-Basen-Kochbuch

Inhalt

Einleitung

Säure-Basen-Balance
Gesundheit und Wohlbefinden

Was bedeutet Säure-Basen-Haushalt?

Jeder hat irgendwie schon mal davon gehört, aber was bedeutet das eigentlich, „Säure-Basen-Haushalt"? Und wie bringt man ihn in Balance? Immer öfter heißt es, wir seien übersäuert. Stimmt das denn? In der Wissenschaft jedenfalls wird dieses Thema heiß diskutiert. Und neu ist das Thema auch nicht. Aber neu entdeckt. Denn immer öfter leiden wir an unspezifischen Beschwerden, fühlen uns müde, schlapp, kraftlos. Häufig hat die Schulmedizin trotz modernster Methoden und Techniken darauf keine Antwort. Vielleicht hilft es schon, den Säure-Basen-Haushalt wieder ins Lot zu bringen, um eine Linderung der Symptome zu erreichen? Das zu überprüfen lohnt sich und ist in jedem Fall ein Gewinn für die Gesundheit.

Säuren und Basen kommen beide natürlicherweise im Körper vor und sind an sich weder gut noch schlecht. Entscheidend ist das richtige Verhältnis der beiden Substanzen zueinander. Sie sollten dabei nicht als Gegenspieler behandelt werden, sondern als Teammitglieder, die sich gegenseitig ergänzen und so Ihren Säure-Basen-Haushalt ins Gleichgewicht bringen. Durch

geänderte Ernährungsgewohnheiten — geprägt von Stress, schnellem Essen zwischendurch, Fertiggerichten und einem hohen Außer-Haus-Verzehr — ist dieser nämlich durcheinandergeraten. Das bedeutet, dass wir in der Regel zu viele Säuren zu uns nehmen, die sich etwa in Zucker, Mehl und auch tierischen Lebensmitteln verstecken. Und die Basen aus Nüssen, Obst und

Gemüse häufig viel zu kurz kommen. Doch mit einer gesunden, ausgewogenen und basenreichen Ernährung, Stressreduktion und Bewegung kann das Säure-Basen-Gleichgewicht gut wiederhergestellt werden.

Der Säure-Basen-Pionier

Wie wichtig ein ausgewogenes Säure-Basen-Verhältnis für das menschliche Wohlbefinden ist, fand Anfang des 20. Jahrhunderts der Chemiker Ragnar Berg heraus. Er zeigte auf, dass eine Übersäuerung des Körpers negative Auswirkungen auf Gesundheit und Wohlbefinden hat. Beobachtungen, Erfahrungen und Untersuchungen stützten diese Theorie, dennoch fehlten harte Fakten, die die Wissenschaft restlos überzeugte. Auch heute bestätigen Untersuchungen Bergs Ansicht, dass eine Übersäuerung des Körpers gesundheitliche Nachteile mit sich bringt. Dennoch bleibt der Säure-Basen-Haushalt vor allem der Naturheilkunde vorbehalten und wird von Schulmedizinern weitestgehend ignoriert.

Was sind Säuren und Basen?

Säure und Base sind Begriffe für die Eigenschaften von chemischen Verbindungen. Chemische Verbindungen können nämlich sauer oder basisch reagieren. Säuren enthalten ein positiv geladenes Wasserstoffion. In wässriger Lösung reagieren sie sauer. Das bedeutet, sie geben das positiv geladene Teilchen (Proton) ab. Basen hingegen enthalten die negativ geladene OH-Gruppe.

Sie haben die Eigenschaft, Protonen, also positiv geladene Teilchen, aufzunehmen. Bekannte Säuren sind beispielsweise Essig oder Zitronensaft oder auch die Salzsäure des Magens. Allerdings bedeutet das nicht, dass Zitronensaft, nur weil er eine Säure ist, im Körper auch sauer reagiert. Im Gegenteil: Zitrone wirkt basisch.

Säuren schützen vor bakteriellem Befall und Wachstum. Daher werden auch Lebensmittel milchsauer vergoren, wie das Sauerkraut, oder in Essig eingelegt, wie die berühmte Spreewaldgurke. Seifen sind basisch, sie lösen Fett, z. B. aus schmutzigem Geschirr. Im Körper ist der Gallensaft eine bekannte Base und ein wichtiger Bestandteil der Verdauung. Sowohl Säuren als auch Basen werden im Körper für die Stoffwechselleistung benötigt.

Von pH-Wert …

Wer sich für den Säure-Basen-Haushalt interessiert, kommt nicht umhin, sich mit ein wenig Basis-Chemie auseinanderzusetzen. Zentrale Begriffe in diesem Zu-sammenhang sind pH-Wert und Puffer. pH steht für das lateinische „potentiahydrogenii" und misst die Konzentration von Wasserstoffionen in einer Lösung. Je höher diese ist, desto saurer ist die Substanz. Mit anderen Worten: Der pH-Wert misst, ob etwas eher sauer oder eher basisch ist. Die pH-Wert-Skala reicht von 0 bis 14. Während ein pH-Wert von null anzeigt, dass etwas sehr sauer ist, bedeutet ein pH-Wert von 14 „extrem basisch". 7 ist der neutrale pH-Wert, den die menschliche Haut im Normalfall haben sollte. Alle Organe, Enzyme und Körperflüssigkeiten brauchen ihren jeweils individuellen pH-Wert, um ideal wirken zu können. Fruchtwasser hat z. B. einen pH von 8–9 (basisch), Speichel von nahezu 7 (neutral) und Magensaft hat einen pH zwischen 1,2–3 (sauer). Einen allumfassenden, idealen pH-Wert, der für den ganzen Körper gilt, gibt es also nicht.

… und Puffersystemen

Puffersysteme im Körper sorgen dafür, dass Säuren und Basen in Balance sind. Das geschieht automatisch, unbemerkt und jeden Tag. Puffersysteme können Säuren und auch Basen auffangen und aus dem Körper leiten. Das ist wichtig, um z. B. den pH-Wert des Blutes konstant zu halten (pH 7,4). Der Säure-Basen-Haushalt mit seinen Puffersystemen sorgt dafür, dass alle Stoffwechselprozesse reibungslos und unter allen Umständen ablaufen können, indem das für die jeweiligen Organe und Systeme richtige pH-Milieu herrscht. Der Körper braucht innerhalb enger Grenzen stabile pH-Werte, um zu funktionieren.

Säuren entsorgen – aber wie?

Um die Säuren aus dem Körper zu schleusen, gibt es verschiedene Wege. Die Nieren leisten durch das Ausscheiden von Harnsäure einen wichtigen Beitrag. Die Lungen „entsorgen" Kohlensäure über den Atem. Aber auch Haut (in Form von Schweiß) und Darm schleusen Säuren aus dem Körper. Die Leber scheidet zwar nicht aktiv Säuren aus, doch sie leistet wichtige Vorarbeit und ist ein zentrales Rädchen in dem System. Das Bindegewebe dient als Zwischenspeicher von Säuren. Erst wenn die Pufferkapazität des Körpers nicht mehr ausreicht, kommt es zu einer Übersäuerung mit negativen gesundheitlichen Folgen bis hin zu Azidose (Übersäuerung, der Blut-pH-Wert sinkt unter 7,4) oder einer Alkalose (Basenüberschuss, der Blut-pH-Wert übersteigt die 7,4). Diese beiden Erkrankungen müssen unbedingt unter ärztlicher Aufsicht behandelt werden und sind äußerst selten.

Zu viel tierische Lebensmittel bringen den Säure-Basen-Haushalt aus dem Takt

Aber auch leichte Schwankungen und Störungen des Säure-Basen-Haushalts wirken sich negativ auf die Funktion von Enzymen und Hormonen oder den Stofftransport aus. Schuld daran ist unter anderem der hohe Konsum von tierischem Eiweiß. Tierische Lebensmittel enthalten schwefel- und phosphorhaltige Verbindun-

gen. Werden diese im Zuge der Verdauung abgebaut, werden harnpflichtige Säuren (Harnsäure, Harnstoff) freigesetzt. Allerdings kommen besagte Verbindungen neben Fleisch und Käse auch in Hülsenfrüchten vor. Betrachtet man jedoch die westliche Ernährung mit einem hohen Fleisch- und einem eher geringen Hülsenfrüchte-Konsum, ist ein Schuldiger schnell identifiziert. Die Kapazität der Nieren zum Ausscheiden von Harnstoff und Harnsäure ist begrenzt. Wird mehr Eiweiß gegessen, als über die Nieren ausgeschieden werden kann, lagern sich die Stoffe in den Gelenken an. Gicht, Nierensteine und ein erhöhter Cholesterinspiegel können die Folge sein.

Um den Körper beim Entsorgen von Säuren bestmöglich zu unterstützen, ist es neben einer Reduktion von

Probleme durch einen Basenüberschuss sind eher ungewöhnlich, da es kaum jemand schafft, so viel Obst und Gemüse zu konsumieren, dass dies das Säure-Basen-Gleichgewicht aus dem Takt bringt. Bei Säuren passiert dies schneller und häufiger. Eine latente Übersäuerung ist keine Seltenheit mehr. Zwar arbeiten die für die Entsäuerung zuständigen Systeme zuverlässig und unerschöpflich, doch wenn über die Nahrung dauerhaft Unmengen an Säuren zugeführt werden, werden die Systeme der Schwemme nicht mehr Herr. Die Regulierungssysteme sind an der Grenze angekommen. In der Folge werden Säuren im Körper, z. B. im Bindegewebe oder auch in der Leber, später dann auch in Muskeln und Gelenken, eingelagert, bis sie abgebaut werden können.

u. a. tierischen Nahrungsmitteln wichtig, viel Mineralwasser und ungesüßten Kräutertee zu trinken. Denn die Niere braucht ausreichend Flüssigkeit, um Säuren über den Harnweg auszuscheiden, die Haut benötigt Wasser, um Säuren über den Schweiß auszuscheiden, und auch der Darm ist auf genügend Flüssigkeit angewiesen, um Säuren ausscheiden zu können.

Störungen im Säure-Basen-Haushalt

Sie merken es häufig an den kleinen, unspezifischen Dingen: Müdigkeit, Schlafstörungen, allgemeines Unwohlsein. Das kann auf eine Übersäuerung hindeuten.

Wie entsteht Übersäuerung?

Wird der Körper mit zu wenig Basen versorgt und mit viel zu viel Säuren belastet, greift er auf seine Basenspeicher zurück, um das System in Balance zu halten. Das Aufbrauchen der Basenreserven im Körper ist somit der Beginn einer Übersäuerung. Diese auf Anhieb zu erkennen ist schwierig, denn die Symptome sind eher unspezifischer Natur. Neben bereits genannter Müdigkeit fallen auch Hautprobleme, Stimmungsschwankungen oder Verdauungsstörungen darunter.

Säuren stecken vor allem in tierischem Eiweiß wie Fleisch, Wurst, Fisch, Käse, Milch oder Sahne. Auch ein Zuviel an Alkohol und zu wenig Obst, Gemüse und

Kräuter wirkt sich negativ auf das Säure-Basen-Gleichgewicht aus. Doch nicht nur die Auswahl der Lebensmittel spielt eine Rolle, sondern auch ausreichend Bewegung, um die Säureausscheidung über die Lunge und damit den Atem zu unterstützen. Im Umkehrschluss bedeutet das, dass zu wenig Bewegung eine latente Azidose begünstigt, ebenso wie Stress in Beruf und Alltag oder wenig Schlaf. Lebensphasen, die kurzfristig mit viel Stress, wenig Schlaf und ungesunder Ernährung einhergehen, führen zu einer Übersäuerung, die vom Körper rasch wieder ausgeglichen werden kann, sofern sich die Lebensumstände wieder in ein Normalmaß einpendeln. Das bedeutet: ausreichend Schlaf und Entspannung sowie eine mineralstoffreiche Ernährung mit viel Obst und Gemüse. Ist der Lebensstil jedoch dauerhaft auf Stress und eine Ernährung reich

an Säuren angelegt, kommt es zu einer chronischen Übersäuerung. Säuren, die aufgrund einer chronischen Übersäuerung lange eingelagert wurden, können u. U. gar nicht mehr aus dem Körper ausgeschieden werden.

Wie steht es um Ihren Säure-Basen-Haushalt?

Ernähren Sie sich gesund und basenbildend? Treiben Sie Sport und bewegen sich ausreichend? Schlafen Sie gut? Oder sind Sie eher gestresst, essen häufig nebenher, was gerade so kommt und schlafen schlecht? All das wirkt sich auf die Säure-Basen-Balance aus. Es lohnt sich zu überprüfen, wie es darum steht, denn darin liegt häufig der Schlüssel zu mehr Wohlbefinden.

Check 1: Ernährung

Wie viele säurebildende und wie viele basenbildende Lebensmittel nehmen Sie täglich zu sich? Schreiben Sie am besten mindestens 3 Tage lang ein Ernährungstagebuch und markieren Sie, ob Ihre Mahlzeiten eher säure- oder basenbildend oder neutral waren. So bekommen Sie einen ersten Eindruck, ob Sie mit Ihrer Ernährung Ihren Körper unterstützen oder eher belasten.

Check 2: Bewegung

Bewegen Sie sich täglich oder wöchentlich? Wie viele Stunden pro Woche sporteln Sie? Je mehr, desto besser. Aber auch der regelmäßige Spaziergang mit dem Hund, sofern dieser mindestens 30 Minuten beträgt, zählt.

Check 3: Gemütszustand

Sind Sie eher gestresst? Das bedeutet ein Plus auf der Säureseite. Oder eher entspannt?

Check 4: Äußerlichkeiten

Hautunreinheiten und -rötungen, brüchige Nägel, Entzündungen … Diese unspezifischen Zeichen stehen allerdings auch im Zusammenhang mit anderen Beschwerden und sollten nicht als alleiniger Hinweis interpretiert werden.

Anhand dieser Feststellungen können Sie einschätzen, wie es um Ihr Säure-Basen-System steht.

Den pH-Wert messen

Eine akute Übersäuerung kann auch mit pH-Teststreifen gemessen werden. Dazu nehmen Sie einen pH-Teststreifen aus der Apotheke und halten ihn direkt in den Urin. Allerdings unterliegt die Säureausscheidung natürlichen Schwankungen. Eine einmalige Messung bringt daher keine eindeutigen Ergebnisse. Es gibt jedoch Urin-pH-Tagesprofile. Wenn Sie Ihren pH-Wert gern messen möchten, sollten Sie sich an diesen Tagesprofilen orientieren und mehrmals täglich über mehrere Tage messen. Weicht Ihr Profil vom Standard-pH-Urin-Tagesprofil ab, weist das auf eine Übersäuerung hin.

tern, mit Nüssen und Samen, Mineralwasser und Kräutertee. Das sollte 80 Prozent jeder Mahlzeit ausmachen. Natürlich müssen Sie auf säurebildende Lebensmittel nicht gänzlich verzichten. Sie können bis zu 20 Prozent der Mahlzeit ausmachen und sollten aus hochwertigen, nährstoffreichen Lebensmitteln bestehen, wie Vollkorngetreide oder auch alternativen Getreidearten oder Pseudogetreide wie Hirse, Bulgur oder Amaranth, dazu Vollmichprodukte, Joghurt und wenig Käse, Fleisch und Fisch. Begleitend dazu gehören Bewegung und Entspannung. Mit diesen Komponenten kommt Ihr Säure-Basen-Haushalt rasch wieder in Balance.

Regeln für die basische Ernährung im Alltag

In den vielen Veröffentlichungen, die es zum Thema Säure-Basen-Balance gibt, herrscht große Uneinigkeit darüber, welche Lebensmittel als säurebildend, basenbildend oder neutral zu bewerten sind. Groß angelegte Studien fehlen, vieles fußt auf Erfahrungswerten und unterliegt daher großen Schwankungen und Unterschieden. Es gibt zwar ganze Tabellen mit exakten Bewertungen von einzelnen Lebensmitteln bezüglich ihrer Wirkung auf den Säure-Basen-Haushalt. Doch ihre Zahlen unterscheiden sich, da unterschiedliche Analysemethoden genutzt wurden, aber auch persönliche Interpretationen und Erfahrungen der jeweiligen Autoren einfließen. Das verwirrt. Zudem ist es schwierig zu bestimmen, wie einzelne Lebensmittel auf den Stoffwechsel wirken und vor allem, wie diese sich im Zusammenspiel mit anderen

Eine Basenkur tut grundsätzlich immer gut und kann keinen Schaden anrichten. Wenn Sie jedoch eine gründliche Überprüfung Ihres Status quo zum Säure-Basen-Haushalt wünschen, ist der Gang zu einem erfahrenen Therapeuten in diesem Bereich empfehlenswert.

Entsäuerung: So geht's

Entsäuern ist kein Hexenwerk und tut dem Körper sehr gut. Die Grundzutaten sind eine basenbildende Ernährung mit viel reifem, saisonalem Obst, Gemüse und Kräutern, mit viel reifem, saisonalem Obst, Gemüse und Kräu-

Lebensmitteln verhalten. Unser Körper- und Verdauungssystem ist sehr komplex und noch nicht im Detail erforscht. Daher empfehlen wir Ihnen, sich an ein paar grundsätzlichen Regeln zu orientieren:

- Reichlich trinken: (stilles) Mineralwasser, ungesüßter Früchte- und Kräutertee, selbst aromatisierte Fruchtlimonaden ohne Zucker
- Reichlich frisches Obst und Gemüse sowie Kartoffeln und Trockenfrüchte verzehren
- Getreideprodukte reduzieren und wenn, dann möglichst zur Vollkornvariante greifen
- Tierische Lebensmittel (Fleisch, Wurst, Eier, Fisch, Käse) reduzieren
- Koffein, Alkohol und schwarzen Tee meiden bzw. stark reduzieren

Außerdem gilt zur Bewertung der Säurewirkung von Lebensmitteln: Je mehr Eiweiß ein Lebensmittel enthält, desto saurer wirkt es. Denn beim Abbau von Eiweißen entstehen Sulfate und Phosphate. Das sind die Salze der Schwefelsäure und der Phosphorsäure. Auf der anderen Seite stehen die Mineralstoffe: Je mehr ein Lebensmittel davon enthält, umso basischer wirkt es. Nicht in die Irre führen lassen dürfen Sie sich von Äußerlichkeiten, etwa dem Geschmack eines Lebensmittels. Die Zitrone schmeckt zwar unglaublich sauer, sie gehört jedoch zu den basischen Lebensmitteln. Denn sie enthält viele Mineralstoffe, und während des Abbaus im Körper wirkt sie dadurch eher basisch. Die Tabelle gibt einen Überblick über die Basen- und Säurelieferanten.

Stark säurebildend	Schwach säurebildend
• Fleisch	• Vollkornmehl
• Wurst	• Quark
• Fisch	• Sahne
• Eier	• Essig
• Käse	• Joghurt
• Alkohol	
• Kaffee	
• schwarzer Tee	
• Weißmehl	
• Fertigprodukte	
• Süßigkeiten	
• pasteurisierte Milch	

Schwach basenbildend	Stark basenbildend
• Mineralwasser	• Rohmilch
• Trockenobst	• Kartoffeln
• Pilze	• reifes Gemüse
• Hülsenfrüchte	• reifes Obst
• Tofu	• Salat
• Nüsse	• Kräutertee
	• stilles Mineralwasser
	• Sprossen und Keimlinge
	• Erdmandeln
	• Samen und Kerne
	• Kräuter und Gewürze

Zu einer ausgewogenen Ernährung zählen ebenso basen- wie säurebildende Lebensmittel. Der Großteil Ihres Tellers sollte allerdings von Basenlieferanten belegt sein. Bei den säurebildenden Produkten sollten Sie zunächst nach den gesunden Varianten greifen – Vollkorn, alternative Getreide oder Pseudogetreide wie Quinoa, Hirse oder Amaranth oder grüner Tee. Diese Lebensmittel enthalten eine Menge Vitamine und Mineralstoffe. Vollkorn liefert darüber hinaus noch wertvolle Ballaststoffe, die die Verdauung unterstützen, die Insulinausschüttung bremsen und so für einen langsamen Anstieg des Blutzuckerspiegels und damit für eine lang anhaltende Sättigung sorgen.

Regional und saisonal

Obst und Gemüse enthalten ebenfalls viele Ballaststoffe, Vitamine und Mineralien und darüber hinaus noch sekundäre Pflanzenstoffe, die ebenfalls zur Gesunderhaltung beitragen. Insbesondere reifes Obst und Gemüse wirkt basenbildend, da dann die höchste Konzentration an Vitaminen und vor allem Mineralstoffen darin enthalten ist. Reifes Obst und Gemüse bekommen Sie aus Ihrer Region zur jeweiligen Saison. Kurze Transportwege sorgen für frische Ware direkt vom Acker. Produkte, die von weither kommen, sind ggf. unreif geerntet und reifen nur schwer nach oder sie sind gar überreif. Beides keine gewünschten Bedingungen. Außerdem unterstützen Sie mit Ihrem lokalen Kauf ortsansässige Bauern und die regionale Landwirtschaft. Es handelt sich also um einen Gewinn für Ihre Gesundheit und die Umwelt gleichermaßen.

Schnelle Basenlieferanten für den Vorrat

Nicht immer hat man Zeit und Lust oder auch die Möglichkeiten, sich in die Küche zu stellen und ein leckeres, basenbildendes Menü zu kochen. Manchmal muss es einfach schnell gehen. Da hilft es, ein paar Tricks an der Hand zu haben, um dennoch in Balance zu bleiben. Tiefkühlobst und -gemüse etwa ist eine gute Möglichkeit, um schnell basenreich zu essen. Die Früchte werden reif geerntet. Das heißt, sie haben einen hohen Vitamin- und Mineralstoffgehalt. Danach werden sie sofort schonend tiefgefroren. So bleiben eine Menge der positiven Inhaltsstoffe enthalten und bilden eine wunderbare, schnelle Grundlage für eine gesunde, basenreiche Mahlzeit. Weitere wunderbare Helfer, die Sie unbedingt im Vorratsschrank haben sollten, sind verschiedene Nüsse und Samen, sowohl pur als auch in Form von Nussmus. Frische Nüsse verfeinern gehackt und zum Schluss darübergestreut eine leckere Gemüsepfanne. Nussmus und Kokosmilch unter das Gemüse gerührt geben mit den richtigen Gewürzen ein tolles Curry. Darüber hinaus sind getrocknete und frische Kräuter und Gewürze unabdingbar in der Vorratshaltung für die Basenküche. Sie geben jedem Gericht den Feinschliff. Fermentiertes (Sauerkraut, Kimchi) oder sauer eingelegtes Gemüse (Gurken, Kürbis) sind auch eine gute Quelle für Vitamine und Mineralstoffe und gut geeignet für die schnelle Basenküche. Last but not least: Sprossen selber ziehen macht kaum Arbeit und Sie haben immer eine schnelle, nährstoffreiche Quelle an frischem Grün für Ihre Gerichte. Im Vorrat sollten Sie außerdem immer Kartoffeln haben, die dauern in der Zubereitung zwar länger, halten sich aber auch gut — bitte kühl und dunkel lagern.

Geeignete Zwischenmahlzeiten und Snacks

- Nüsse und Trockenfrüchte, auch als Mischung
- frisches Obst und Gemüse, z. B. Cocktailtomaten oder Obst- und Gemüsespieße
- ein kleiner Becher Naturjoghurt mit Früchten und Nussmus
- Rohkost mit Hummus
- Smoothies

Der Vorteil an grünen Smoothies: Der Blutzuckerspiegel steigt meist nicht so schnell, Sie bleiben länger satt und nehmen zusätzlich noch eine Menge Vitamine, Mineralstoffe und sekundäre Pflanzenstoffe auf. Aber auch gelbe und rote Smoothies mit Gemüse, evtl. Nussmus und etwas Obst sind tolle, gesunde Sattmacher. Und wenn Sie es mal sehr eilig haben, greifen Sie auf die grünen Smoothie-Würfel aus dem Reformhaus zurück. Die bestehen aus getrockneten, grünen, nährstoffreichen Lebensmitteln.

Basenreich essen außer Haus

In einem Restaurant basenreich zu essen ist eine Herausforderung, aber kein Ding der Unmöglichkeit. Und machen Sie sich keine unnötigen Sorgen: Selbst wenn Sie nicht basenüberschüssig essen, können Sie dennoch Ihr Menü so auswählen, dass es günstig für Ihren Säure-Basen-Haushalt ist. Und ein einmaliges säurebildendes Essen kann Ihr Körper schnell ausgleichen, wenn Sie danach wieder basenreich essen.

Die immer häufiger auftauchenden veganen Restaurants haben eine basenfreundliche Speisekarte. Hier fällt vieles, das säurebildend ist, schon von vornherein weg: Fleisch, Fisch, Milchprodukte. Achten Sie darauf, dass die Gemüseportion groß und die Getreideportion eher gering ausfällt.

In allen anderen Restaurants ist es immer gut, nach vegetarischen Gerichten Ausschau zu halten und auch hier auf große Gemüseportionen und wenig Milchprodukte und Getreide zu achten. Salate und Suppen kommen hier in Frage, das dazu gereichte Brot bitte liegen lassen. In der indischen Küche mit ihren Currys und Dhals werden Sie sicherlich fündig werden – aber auch hier bitte auf das Brot verzichten. Bratkartoffeln ohne Ei und Speck und mit einem großen Salat können Sie sich auch gönnen. Bei dem schnellen Essen auf die Hand gibt es leider keine große Auswahl. Am besten auf einen fertigen Salat oder Obstsalat aus dem Supermarkt zurückgreifen und ein paar Nüsse darüberstreuen.

Das gehört auch dazu: Stressreduktion durch Entspannung und Sport

Wer seinen Säure-Basen-Haushalt ins Gleichgewicht bringen möchte, sollte nicht nur am Rädchen „Ernährung" drehen, sondern sich auch bewegen und entspannen. Beim Sport erhöht sich die Atemfrequenz. Das unterstützt die Säureausscheidung über die Lunge. Kommen Sie richtig ins Schwitzen, unterstützt das noch mal die Säureausscheidung über die Haut. Auch Saunieren ist eine Möglichkeit, um sich zu entspannen und die Säureausscheidung über die Haut zu unterstützen. Danach werden Sie sicherlich gut schlafen, was für Ihr Wohlbefinden sehr wichtig ist. Bewegen Sie sich regelmäßig, am besten an der frischen Luft. Das unterstützt die Säureausscheidung am besten. Es müssen auch nicht immer Joggen, Radfahren oder Spazierengehen sein. Versuchen Sie doch mal, Yoga im Garten zu machen, probieren Sie Klettern oder Bouldern aus oder fahren Sie Kanu. Tun Sie das, was Ihnen Spaß macht, dann kommt die Entspannung dabei auch ganz automatisch.

Wir wünschen Ihnen nun viel Genuss und Wohlbefinden mit unseren leckeren basischen Rezepten.

Frühstück

Grüner Smoothie
mit Spinat

Für 4 Portionen

2 Bananen
2 Birnen
300 g Spinat
1 Handvoll Löwenzahnblätter
(alternativ Rucola)
500 ml Wasser
(Die Hälfte kann durch
Eiswürfel ersetzt werden.)

Zubereitungszeit: ca. 15 Minuten
Pro Portion ca. 120 kcal/510 kJ
4 g E, 0 g F, 25 g KH

Die Bananen in Stücke schneiden, die Birnen waschen, vom Kerngehäuse befreien und ebenfalls in Stücke schneiden. Spinat und Löwenzahn waschen, abtropfen lassen und unschöne Stellen entfernen.

Alle Zutaten in einen Standmixer geben und mit 500 ml Wasser (oder halb Wasser, halb Eiswürfel) auffüllen. Den Mixer auf der kleinsten Stufe starten und dann bis zur höchsten beschleunigen und den Smoothie cremig pürieren. Das kann bis zu 5 Minuten dauern. Gegebenenfalls zwischendurch Pause machen, damit schwere Teilchen absinken und fein püriert werden können.

Konsistenz und Geschmack prüfen und eventuell für eine seidigere Konsistenz noch etwas Wasser oder für mehr Süße noch eine weitere Banane hinzugeben. Den Smoothie zum Servieren in Gläser füllen.

Wildkräutersmoothie
mit Mango

Für 4 Portionen

1–2 Handvoll Blätter von
Sauerampfer, Wegerich,
Brennnessel, Erdbeeren,
Feldsalat (Mengenverhältnis
je nach Geschmack)
2 Birnen
2 Mangos
400 ml Apfelsaft
5 Eiswürfel

Zubereitungszeit: ca. 20 Minuten
Pro Portion ca. 160 kcal/610 kJ
1 g E, 0 g F, 33 g KH

Die Wildkräuter waschen und abtropfen lassen, gegebenenfalls unschöne Stellen entfernen. Die Birnen waschen und von Stiel und Kerngehäuse befreien. Mangos schälen und das Fruchtfleisch vom Stein schneiden. Birnen und Mangos klein würfeln.

Wildkräuter und Obst in einen Standmixer geben und mit Apfelsaft und Eiswürfeln auffüllen. Den Mixer auf der kleinsten Stufe starten, dann bis zur höchsten beschleunigen und den Smoothie cremig mixen. Das kann bis zu 5 Minuten dauern. Gegebenenfalls zwischendurch Pause machen, damit schwere Teilchen absinken und fein püriert werden können.

Konsistenz und Geschmack prüfen und eventuell für eine seidigere Konsistenz noch etwas Wasser oder für mehr Süße noch etwas mehr Birne oder Mango hinzugeben. Den Smoothie zum Servieren in Gläser füllen.

Fruchtsmoothie
mit Beeren

Für 4 Portionen
2 Orangen
2 Bananen
200 g Beeren nach Wahl
evtl. 6–8 Eiswürfel

Zubereitungszeit: ca. 10 Minuten
Pro Portion ca. 120 kcal/490 kJ
2 g E, 0 g F, 24 g KH

Orangen und Bananen schälen, Bananen in Stücke schneiden. Die Beeren waschen und verlesen, gegebenenfalls klein schneiden. Orange, Banane und Beeren mit 400 ml Wasser oder 6–8 Eiswürfeln in einen Standmixer geben und glatt pürieren. Abschmecken und eventuell noch etwas mehr Wasser hinzufügen.

Wer keinen Standmixer hat, kann die Zutaten auch in einen hohen Rührbecher geben und mit einem Pürierstab glatt pürieren.

Cremiger Shake
mit Haferflocken

Für 4 Portionen

4 El Walnüsse
200 g Himbeeren
2 Bananen
1 Prise Zimt
2 El Haferflocken
600 ml Milch, Wasser oder
Haselnussdrink

Zubereitungszeit: ca. 10 Minuten
(plus Einweichzeit)
Pro Portion ca. 260 kcal/1090 kJ
9 g E, 14 g F, 24 g KH

Die Walnüsse in eine Schüssel geben, mit Wasser bedecken und abgedeckt über Nacht einweichen. Am nächsten Tag abgießen und abspülen.

Die Himbeeren vorsichtig waschen. Die Bananen schälen und in Stücke schneiden. Mit den Nüssen, dem Zimt, den Haferflocken und der Milch in einen Standmixer geben und zu einem cremigen Shake pürieren.

Wer dieses Frühstück lieber löffeln möchte, kann durch die Zugabe von etwas mehr Haferflocken, Nüssen und Bananen oder etwas weniger Flüssigkeit einen leckeren Frühstücksbrei daraus machen.

Tipp!

Bei diesem Shake können Sie nach Herzenslust variieren: andere Nüsse, Flocken einer anderen Getreideart, Pflanzenmilch nach Geschmack.

Chia-Leinsamen-Pudding
mit Heidelbeerpüree

Für 4 Portionen
2 Birnen
6 El geschrotete Leinsamen
6 El Chiasamen
400 ml Mandelmilch (oder Wasser)
200 g Heidelbeeren
Mark von 1 Vanilleschote

Zubereitungszeit: ca. 15 Minuten
(plus Kühlzeit)
Pro Portion ca. 180 kcal/760 kJ
7 g E, 11 g F, 14 g KH

Die Birnen waschen, von Kerngehäuse und Stiel befreien und fein würfeln. Die Leinsamen und die Chiasamen mit den Birnenstücken in eine Schüssel geben, mit Mandelmilch übergießen und 5 Minuten quellen lassen. Alles gut vermengen und auf 4 Schälchen verteilen.

Die Heidelbeeren waschen, zusammen mit dem Vanillemark in einen hohen Rührbecher geben und mit dem Pürierstab glatt mixen. Das Heidelbeerpüree über den Pudding geben und den Pudding vor dem Servieren mindestens 30 Minuten kalt stellen.

Tipp!
Chiasamen quellen in Flüssigkeit zu einem Gelee. So bekommt diese Frühstücksmischung Ihre puddingähnliche Konsistenz.

Powermüsli
mit Erdmandeln

Für 4 Portionen

4 El Chufas (Erdmandeln,
aus Bioladen oder Reformhaus,
alternativ Cashewnüsse)

2 Äpfel

2 Nektarinen

4 El Walnüsse

2 getrocknete Feigen

2 getrocknete Aprikosen

4 El Hanfsamen
(alternativ Sonnenblumenkerne)

2 El geschroteter Leinsamen

2 El Sesam

800 ml Mandeldrink

Zubereitungszeit: ca. 15 Minuten
(plus Einweichzeit)
Pro Portion ca. 250 kcal/1060 kJ
6 g E, 16 g F, 20 g KH

Die Chufas in eine Schüssel geben, mit Wasser bedecken und abgedeckt über Nacht einweichen. Am nächsten Tag das Wasser abgießen und die Chufas abspülen.

Äpfel und Nektarinen waschen, putzen und klein würfeln. Walnüsse und Chufas klein hacken. Die getrockneten Feigen und Aprikosen ebenfalls klein würfeln.

Alle Zutaten mischen und zum Servieren mit der Mandelmilch übergießen.

Tipp!

Erdmandeln haben einen nussigen Geschmack und sind eine leckere und gesunde Alternative für Nuss-Allergiker. Schneller geht's, wenn Sie anstelle der ganzen Chufas 2 Esslöffel Chufa-mehl und 2 Esslöffel Getreideflocken nehmen.

Obstsalat
mit Mandeln und Kokos

Für 4 Portionen
2 Birnen
2 Äpfel
2 Nektarinen
500 g Erdbeeren
5 El gehackte Mandeln
8 getrocknete Aprikosen
einige Blätter Zitronenmelisse
oder Minze
4 El Kokosflocken
1 Orange
2 Tl Leinöl

Zubereitungszeit: ca. 30 Minuten
Pro Portion ca. 120 kcal/1400 kJ
6 g E, 15 g F, 42 g KH

Birnen, Äpfel, Nektarinen und 300 g von den Erdbeeren waschen, putzen und in Würfel schneiden. Die Mandeln in einer Pfanne ohne Fett rösten, bis sie anfangen, aromatisch zu duften. Aus der Pfanne nehmen und beiseitestellen.

Die Aprikosen klein schneiden. Die Zitronenmelisse- oder Minzblätter waschen, trocken schütteln und in Streifen schneiden. Alles zusammen mit den Kokosflocken in eine Schüssel geben und vermengen.

Für die Sauce die Orange auspressen. Die restlichen Erdbeeren waschen und putzen. Mit dem Orangensaft in einen hohen Rührbecher geben und mit einem Pürierstab glatt pürieren. Die Sauce durch ein Sieb streichen, mit dem Leinöl vermischen und über den Obstsalat geben.

Melonen-Gurken-Salat
mit Limettendressing

Für 4 Portionen

je 400 g Honigmelone,
Galiamelone und Wassermelone
1–2 Salatgurken
2 El Limettensaft
1 El Leinöl

Zubereitungszeit: ca. 15 Minuten
Pro Portion ca. 160 kcal/680 kJ
3 g E, 3 g F, 29 g KH

Die Melonen schälen, gegebenenfalls entkernen und in Würfel schneiden. Die Gurke waschen, halbieren, entkernen und würfeln. Alles zusammen in einer Schüssel vermengen.

Für die Salatsauce den Limettensaft mit dem Leinöl mischen und direkt vor dem Verzehr über den Salat geben.

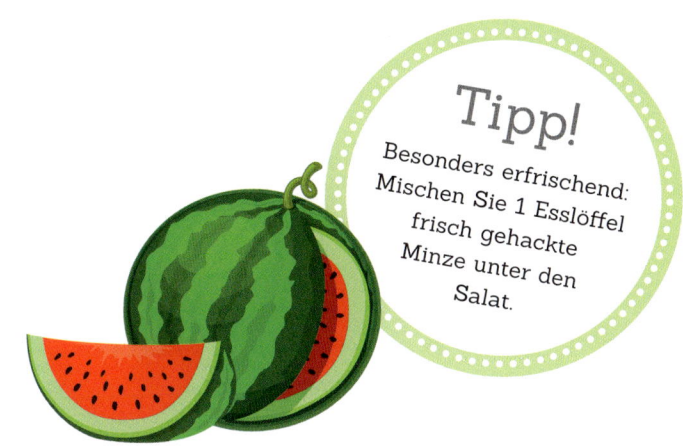

Tipp!

Besonders erfrischend: Mischen Sie 1 Esslöffel frisch gehackte Minze unter den Salat.

Erdmandelfrühstück
mit Beeren

Für 4 Portionen

4 El Leinsamen

150 g gemahlene Erdmandeln

4 El Chiasamen

400 g gemischte Beeren
(z. B. Brombeeren, Himbeeren,
Stachelbeeren, Erdbeeren,
Johannisbeeren)

4 El blanchierte Mandeln

3 El Walnüsse

4 El Naturjoghurt

1 El Honig

3 El Sonnenblumenkerne

2 El Hanfsamen

Zubereitungszeit: 15 Minuten
Pro Portion ca. 334 kcal/1399 kJ
11 g E, 27 g F, 12 g KH

Die Leinsamen im Mörser anstoßen. Erdmandeln mit Chiasamen in eine Schale geben, mit 300 ml kochendem Wasser aufgießen und 5 Minuten quellen lassen. Inzwischen die Beeren vorsichtig waschen und trocken tupfen. Mandeln und Walnüsse hacken.

Die Erdmandelmasse mit Joghurt und Honig vermengen. Wer es gern etwas cremiger mag, kann nach Belieben noch Wasser untermengen. Das Frühstück mit Beeren, Nüssen, Sonnenblumenkernen und Hanf-samen bestreut servieren.

Salate & Suppen

Bunter Salat
mit Hanfsamen

Für 4 Portionen

1 großes Bund Kräuter nach Wahl
2 Orangen
2 Zitronen
150 ml Olivenöl
Pfeffer
1 kleiner Brokkoli
4 Möhren
3 Birnen
1 Paprikaschote
100 g frische Mungo-
bohnensprossen
150 g geschälte Hanfsamen
(alternativ Sonnenblumenkerne
oder Sesamsamen)

Zubereitungszeit: ca. 40 Minuten
Pro Portion ca. 780 kcal/3270 kJ
23 g E, 57 g F, 44 g KH

Für die Salatsauce die Kräuter waschen, trocken schütteln und fein hacken. Die Orangen und Zitronen auspressen. Den Saft mit den Kräutern und dem Olivenöl zu einem Dressing verquirlen, mit Pfeffer abschmecken.

Den Brokkoli waschen, putzen und in kleine Röschen teilen. Den Strunk schälen und sehr klein würfeln. Würfel und Röschen in einen Topf mit kochendem Wasser geben und 2 Minuten darin blanchieren. Sofort in Eiswasser abschrecken, dann mit der Sauce mischen und darin marinieren.

Die Möhren waschen, putzen, schälen und schräg in dünne Scheiben schneiden. Die Birnen waschen, putzen und in Streifen schneiden. Die Paprikaschote waschen, putzen und ebenfalls in feine Streifen schneiden. Die Mungobohnensprossen abspülen und abtropfen lassen.

Alles zusammen mit den Hanfsamen, den Sprossen, der Sauce und dem marinierten Brokkoli vermengen. Den Salat vor dem Servieren ca. 1 Stunde im Kühlschrank durchziehen lassen.

Waldorfsalat
mit getrockneten Aprikosen

Für 4 Portionen
600 g Knollensellerie
6 säuerliche Äpfel, z. B. Boskoop
100 ml Zitronensaft
200 g Walnüsse
1 Eigelb
100 ml Speiseöl
4 El saure Sahne
4 El Naturjoghurt (3,5 % Fett)
3 getrocknete Aprikosen
Pfeffer
Salz

Zubereitungszeit: ca. 35 Minuten
Pro Portion ca. 800 kcal/3350 kJ
13 g E, 66 g F, 39 g KH

Den Sellerie schälen, die Äpfel waschen und vom Kerngehäuse befreien. Beides auf einer Gemüsereibe raspeln oder in sehr feine Streifen schneiden. Mit dem Zitronensaft vermischen. Die Walnüsse in einer Pfanne ohne Fett rösten, bis sie aromatisch zu duften beginnen, dann aus der Pfanne nehmen, kurz abkühlen lassen und fein hacken.

Sellerie und Äpfel mit den Walnüssen in eine Schüssel geben. Eigelb in einen Rührbecher geben und langsam das Öl hinzufügen, dabei ununterbrochen mit einem Schneebesen rühren. Saure Sahne und Naturjoghurt unter die Mayonnaise heben. Die Aprikosen fein hacken und unter die Joghurtmayonnaise mengen. Mit Pfeffer und Salz abschmecken und gut mit dem Gemüse vermengen. Vor dem Servieren mindestens 15 Minuten im Kühlschrank durchziehen lassen.

Tipp!
Dazu passen Pellkartoffeln oder in Öl marinierte, gegrillte Kürbisstreifen.

Hirse-Taboulé
mit Datteln

Für 4 Portionen

300 g Hirse

600 ml Gemüsebrühe
(oder Wasser)

1 Bund Petersilie

½ Bund Minze
(Blätter und dünne Stängel)

2 rote Paprikaschoten

2 Tomaten

1 Salatgurke

1 rote Zwiebel

2 getrocknete Datteln

8 El Olivenöl

2–3 El Zitronensaft

1 Msp. Kreuzkümmel (Kumin)

1 Msp. Kurkuma

4 El Naturjoghurt

Zubereitungszeit: ca. 45 Minuten
(plus Ziehzeit)
Pro Portion ca. 790 kcal/3310 kJ
19 g E, 27 g F, 116 g KH

Die Hirse in einem feinen Sieb waschen und abtropfen lassen. In einem Topf mit der Gemüsebrühe aufkochen und unter gelegentlichem Rühren ca. 7 Minuten köcheln lassen, dann den Herd ausstellen und die Hirse auf der warmen Platte und mit geschlossenem Deckel ausquellen lassen.

Petersilie und Minze waschen, trocken schütteln, die Blätter von den Stielen zupfen und fein hacken. Die Paprikaschoten und die Tomaten waschen und putzen. Die Salatgurke waschen und entkernen, die Zwiebel schälen. Alles in feine Würfel schneiden. Die Datteln in feine Streifen schneiden. Alles zusammen mit der Hirse vermengen.

Für die Salatsauce Olivenöl, Zitronensaft und die Gewürze verquirlen. Die Sauce über die Hirse-Gemüse-Mischung geben und alles gut vermengen. Ca. 1 Stunde abgedeckt ziehen lassen. Das Taboulé auf 4 Schüsseln verteilen und mit je einem Klecks Joghurt servieren.

Gazpacho
mit Pinienkernen

Für 4 Portionen
4 El Pinienkerne
1 kg reife Tomaten
2 Paprikaschoten
1 Salatgurke
1 rote Zwiebel
2 Knoblauchzehen
1 Chilischote
½ Bund Schnittlauch
80 ml Olivenöl
2 El Rotweinessig
½ Tl Paprikapulver
Salz
200 ml Eiswasser

Zubereitungszeit: ca. 20 Minuten
(plus Kühlzeit)
Pro Portion ca. 330 kcal/1360 kJ
7 g E, 26 g F, 15 g KH

Die Pinienkerne in einer Pfanne ohne Fett leicht rösten, bis sie aromatisch zu duften beginnen. Aus der Pfanne nehmen und beiseitestellen.

Die Tomaten mit kochendem Wasser überbrühen, abkühlen lassen und häuten. Dann halbieren, Stielansätze herausschneiden, entkernen und das Fruchtfleisch würfeln. Die Paprikaschoten waschen, putzen und fein würfeln. Die Gurke waschen, halbieren, entkernen und ebenfalls fein würfeln. Zwiebel und Knoblauch schälen und fein hacken. Die Chilischote waschen, entkernen und fein hacken. Dabei Handschuhe tragen oder sofort danach die Hände waschen. Den Schnittlauch waschen, trocknen und in feine Ringe schneiden.

Das Gemüse bis auf den Schnittlauch mit Öl, Essig, Paprikapulver und Salz in einen Rührbecher geben und pürieren. Mit Eiswasser auffüllen und vor dem Servieren im Kühlschrank gut durchkühlen lassen. Mit Schnittlauch bestreut servieren.

Kürbissuppe
mit schwarzen Bohnen

Für 4 Portionen
1 kg Tomaten
500 g schwarze Bohnen
(aus der Dose)
1 große Zwiebel
1 Knoblauchzehe
½ unbehandelte Zitrone
1 kg Hokkaido-Kürbis
2 El Öl
Salz
Pfeffer
1 El Kreuzkümmel
300 ml Gemüsebrühe
6 Stängel Koriander
3 El geröstete Kürbiskerne
2 El Crème fraîche

Zubereitungszeit: ca. 30 Minuten
(plus Garzeit)
Pro Portion ca. 200 kcal/850 kJ
9 g E, 12 g F, 14 g KH

Die Tomaten waschen, trocknen und grob klein schneiden. Bohnen und Tomaten in einen hohen Rührbecher geben und mit dem Pürierstab fein pürieren.

Zwiebel und Knoblauch schälen und fein hacken. Die Zitrone auspressen, die Hälfte der Schale fein abreiben. Den Kürbis waschen, die Kerne entfernen und das Fruchtfleisch fein würfeln. Das Öl in einem Topf erhitzen, Zwiebeln und Knoblauch darin andünsten. Das Tomaten-Bohnen-Püree, Zitronensaft und Zitronenschale sowie die Kürbisstücke dazugeben. Salzen, pfeffern und mit Kreuzkümmel würzen.

Die Gemüsebrühe dazugießen und alles ca. 20 Minuten köcheln lassen. Währenddessen den Koriander waschen, trocken schütteln und fein hacken. Die Suppe auf Teller verteilen und mit gerösteten Kürbiskernen, Crème fraîche und gehacktem Koriander anrichten.

Möhrensuppe
mit Orange

Für 4 Portionen

2 Zwiebeln
2 Knoblauchzehen
200 g Pastinaken
400 g Möhren
5 Stängel Thymian
2 El Rapsöl
1 Lorbeerblatt
1,5 l Gemüsebrühe
1 unbehandelte Orange
250 ml Sahne
Salz
Chilipulver
4 Tl Ahornsirup

Zubereitungszeit: ca. 30 Minuten
(plus Garzeit)
Pro Portion ca. 380 kcal/1580 kJ
10 g E, 29 g F, 19 g KH

Zwiebeln, Knoblauch, Pastinake und Möhren schälen, putzen und klein würfeln. Thymian waschen, trocken schütteln und die Blättchen abzupfen. Das Öl in einem Topf erhitzen und Zwiebeln und Knoblauch darin 1 Minute braun anbraten. Pastinake, Möhre und Thymian dazugeben und unter Rühren weitere 2 Minuten braten. Das Lorbeerblatt zugeben und alles mit Gemüsebrühe ablöschen. 10–15 Minuten bei geschlossenem Deckel köcheln lassen. Inzwischen die Hälfte der Orangenschale abreiben und die Orange auspressen.

Das Lorbeerblatt aus der Suppe entfernen, Orangensaft und -schale sowie die Sahne zugeben und die Suppe mit dem Pürierstab cremig pürieren. Mit Salz und Chili abschmecken und zum Servieren je 1 Teelöffel Ahornsirup kreisförmig durch die Suppenteller ziehen.

Tipp!
Anstatt mit Ahornsirup können Sie die Möhrensuppe zum Schluss auch mit 4 Teelöffeln Kürbiskernöl verfeinern.

Hühnersuppe
mit viel Gemüse

Für 4 Portionen
1 Bio-Suppenhuhn (1,2–1,4 kg)
2 Knoblauchzehen
2 rote Zwiebeln
4 El Öl
einige Zweige Liebstöckel
2 Möhren
2 Pastinaken
1 Stange Lauch
1 kleine Knolle Sellerie
2 Tl gemahlene Kurkuma
½ Bund Petersilie
2 Tomaten
Salz
Pfeffer

Zubereitungszeit: ca. 30 Minuten
(plus Garzeit)
Pro Portion ca. 1000 kcal/4180 kJ
64 g E, 77 g F, 15 g KH

Das Huhn von innen und außen waschen. Knoblauch und Zwiebeln schälen und fein hacken. Das Öl in einem Topf erhitzen und Knoblauch und Zwiebeln darin andünsten. Mit 2 l Wasser aufgießen. Den Liebstöckel waschen und im Ganzen dazugeben.

Das Gemüse waschen und putzen. Alles bis auf die Tomaten in kleine Stücke schneiden, zusammen mit dem Suppenhuhn und dem Kurkumapulver in den Topf geben und mit halb aufgelegtem Deckel 1–2 Stunden köcheln lassen.

Inzwischen die Petersilie waschen, trocken schütteln, die Blättchen abzupfen und fein hacken. Zum Ende der Kochzeit die Tomaten waschen, würfeln und in die Suppe geben. Das Huhn herausnehmen und etwas abkühlen lassen. Das Fleisch von der Haut und den Knochen lösen, in kleine Stücke schneiden und wieder in den Topf geben. Die Hühnersuppe mit Salz und Pfeffer abschmecken und mit der Petersilie bestreut servieren.

Vegetarische Hauptgerichte

Scharfer Spinat
mit Mais

Für 4 Portionen

2 rote Zwiebeln
1 Stück Ingwer, 2 cm lang
600 g Blattspinat
1 Chilischote
1 kleines Bund glatte Petersilie
200 g Reis
2 El Bratöl
200 g Mais (aus der Dose)
Salz
Pfeffer

Zubereitungszeit: ca. 30 Minuten
Pro Portion ca. 300 kcal/1240 kJ
10 g E, 6 g F, 48 g KH

Die Zwiebeln schälen und fein hacken. Den Ingwer schälen und ebenfalls fein hacken. Den Spinat waschen, putzen und trocknen, ggf. große Blätter etwas zerkleinern. Die Chilischote waschen, halbieren, entkernen und in feine Ringe schneiden. Dabei Handschuhe tragen oder danach sofort die Hände waschen. Die Petersilie waschen, trocken schütteln, Blättchen abzupfen und fein hacken.

Den Reis mit der doppelten Menge Wasser in einen Topf geben und nach Packungsangabe kochen.

Das Öl in einer Pfanne erhitzen, die Zwiebelwürfel darin glasig andünsten. Ingwer, Spinat, Chili und Mais zugeben und alles zusammen andünsten. Mit 5 Esslöffeln Wasser aufgießen und kurz köcheln lassen, mit Salz und Pfeffer abschmecken. Den Spinat mit dem Reis und Petersilie bestreut servieren.

Buchweizenwraps
mit bunter Füllung

Für 4 Portionen
Für den Teig:
250 g Buchweizenmehl
1 Prise Salz
1 Tl Pfeffer
1 Prise Paprikapulver
4 Tl Rapsöl zum Braten

Für die Füllung:
1–2 Handvoll Babyspinat, Postelein
oder Feldsalat
1 Bund glatte Petersilie
1 rote Paprikaschote
6 Champignons
1 El Olivenöl oder Rapsöl
1 Handvoll geröstete Kürbiskerne
1 Handvoll frische Sprossen
nach Wahl

Für die Sauce:
50 g weißes Cashew- oder
Erdnussmus
50 g Fetakäse
2 Tl Zitronensaft
frisch gehackte Kräuter nach Wahl
1 Prise Kräutersalz
Pfeffer

Zubereitungszeit: ca. 40 Minuten
Pro Portion ca. 490 kcal/2050 kJ
16 g E, 23 g F, 54 g KH

Das Buchweizenmehl mit den Gewürzen in einer Schüssel vermengen. 400 ml Wasser zugeben und alles mit dem Handrührgerät zu einem glatten Teig verquirlen. 1 Teelöffel Öl in einer beschichteten Pfanne erhitzen. Portionsweise Teig in die Pfanne geben und gleichmäßig dünn darin verteilen. Auf beiden Seiten zu einem goldgelben Pfannkuchen backen. Nacheinander Pfannkuchen backen, dabei jeweils Rapsöl in die Pfanne geben. Fertige Pfannkuchen auf einen Teller geben und im Ofen warmhalten.

Für die Füllung den Spinat und die Petersilie waschen und trocken schütteln. Die Paprikaschote waschen, putzen und in dünne Streifen schneiden. Die Champignons abbürsten, Stielenden knapp abschneiden und Pilze in dünne Scheiben schneiden. Das Öl in einer Pfanne erhitzen und das Gemüse darin 1 Minuten schwenken.

Die Zutaten für die Sauce mit 70 ml Wasser in einen hohen Rührbecher geben und mit dem Pürierstab zu einem cremigen Dressing mixen.

Die Buchweizenpfannkuchen mit Salat, Petersilie, Gemüse, Sprossen und Kürbiskernen belegen, mit Sauce garnieren und zu Wraps zusammenrollen oder -falten.

Grüne Wraps
mit Linsen-Gemüse-Füllung

Für 4 Portionen
4 große Blätter von Grünkohl,
Schwarzkohl, Kohlrabi oder Wirsing

Für die Füllung:
3 Möhren
1 großes Bund Kräuter nach Wahl,
z. B. Koriander, Petersilie, Basilikum
3 weiche Avocados
140 g gekeimte Belugalinsen
(alternativ 70 g getrocknete
Belugalinsen in der doppelten
Menge Wasser gekocht)
1 Handvoll frische Sprossen nach
Wahl
3 El Pistazienkerne

Für die Sauce:
2 Orangen
2 Knoblauchzehen
1 El Sesamsamen
5 El Olivenöl

Zubereitungszeit: ca. 35 Minuten
Pro Portion ca. 380 kcal/1580 kJ
7 g E, 32 g F, 15 g KH

Die Kohlblätter waschen und abtrocknen. In einem Topf mit kochendem Wasser die Blätter nacheinander jeweils 2 Minuten blanchieren, anschließend in Eiswasser abschrecken und auf einem Küchentuch abtropfen lassen.

Die Möhren schälen, putzen und raspeln. Die Kräuter waschen, trocken schütteln und fein hacken. Die Avocados halbieren, die Kerne entfernen und das Avocadofleisch mit einem großen Löffel aus den Schalen löffeln. Die Sprossen waschen und abtropfen lassen, die Pistazien fein hacken.

Für die Sauce die Orangen auspressen. Die Knoblauchzehen schälen und hacken. Mit den restlichen Zutaten für die Sauce in einen hohen Rührbecher geben und mit einem Pürierstab zu einer homogenen Masse mixen.

Die Kohlblätter flach auf ein Brett legen. Das Fleisch der Avocados je längs in die Mitte des Blattes geben und mit einem Messer glatt streichen. Die geraspelten Möhren, gehackten Kräuter, Belugalinsen, Sprossen und Pistazien darüber verteilen, mit Sauce beträufeln und das Blatt wie einen Wrap zusammenfalten. Alternativ kann die Sauce auch als Dip verwendet werden.

Parmesan-Fainá
mit Tomaten

Für 4 Portionen

2 Zweige Oregano
250 g Kichererbsenmehl
Pfeffer
1 Tl Kräutersalz
3 El Olivenöl
2 El geriebener Parmesan
3 große Tomaten
Öl für das Blech

Zubereitungszeit: ca. 25 Minuten
(plus Ruhezeit)
Pro Portion ca. 300 kcal/1240 kJ
14 g E, 13 g F, 30 g KH

Den Oregano waschen, trocken schütteln, Blättchen abzupfen und fein hacken. Das Kichererbsenmehl mit Pfeffer und Salz in einer Schüssel mischen. Erst 600 ml Wasser, danach das Öl langsam unter Rühren mit dem Handrührgerät hinzufügen. Oregano und Parmesan unterheben. 1 Stunde ruhen lassen.

Den Ofen auf 180 °C (Ober-/Unterhitze, Umluft nicht empfehlenswert) vorheizen. Die Tomaten waschen, vierteln, entkernen und in dünne Scheiben schneiden. Ein Backblech oder eine Auflaufform ölen oder mit Backpapier auslegen. Den Teig auf das Blech geben und mit Tomatenscheiben belegen. Die Fainá im Ofen ca. 30 Minuten backen, bis sie oben goldbraun ist.

Tipp!
Die Fainá mit einem großen grünen Salat mit Essig-Öl-Dressing servieren.

Mediterraner Gemüseauflauf

Für 4 Portionen

3 große festkochende Kartoffeln
2 Möhren
2 Zucchini
1 rote Paprikaschote
300 g Tomaten
½ Bund Frühlingszwiebeln
½ Glas getrocknete Tomaten in Öl
2 El schwarze Oliven
2 Zweige Rosmarin
75 g Frischkäse
75 g Naturjoghurt
1 Tl Olivenöl
100 g Mozzarella

Zubereitungszeit: ca. 30 Minuten
(plus Garzeit)
Pro Portion ca. 390 kcal/1630 kJ
13 g E, 22 g F, 34 g KH

Das Gemüse waschen, putzen, gegebenenfalls schälen und bis auf die Frühlingszwiebeln fein würfeln. Die Frühlingszwiebeln in feine Ringe schneiden.

Den Ofen auf 200 °C (Umluft 180 °C) vorheizen. Kartoffeln und Möhren in einen Topf mit wenig Salzwasser geben, etwa 10 Minuten bissfest garen, dann abgießen.

Die getrockneten Tomaten abtropfen lassen und fein hacken. Die Oliven halbieren, ggf. entsteinen und in feine Ringe schneiden. Den Rosmarin waschen, trocken schütteln, die Nadeln abzupfen und fein hacken. Frischkäse und Joghurt in eine Schüssel geben und mit dem Rosmarin, den Tomaten und den Oliven vermengen. Das Gemüse unter die Joghurtmasse geben, gut vermengen und mit Salz und Pfeffer abschmecken. Eine Auflaufform mit Olivenöl fetten und die Gemüsemasse einfüllen. Abgedeckt ca. 15 Minuten im Ofen auf der mittleren Schiene backen.

Inzwischen den Mozzarella in feine Stücke zupfen und nach Ende der Garzeit auf dem Auflauf verteilen. Für weitere 10 Minuten im Ofen backen, dann servieren.

Pesto-Polenta
mit Spinat und Pilzen

Für 4 Portionen

700 ml Gemüsebrühe
350 g Polenta (Maisgrieß)
200 g grünes Pesto (aus dem Glas oder selbst gemacht)
6 getrocknete Tomaten in Öl
Kräutersalz
Pfeffer
2 rote Zwiebeln
2 Knoblauchzehen
400 g Spinat oder Mangold
6 Stängel Thymian
3 El Olivenöl
8 Portobello-Pilze (alternativ große Champignons)
1 Tl Ahornsirup

Zubereitungszeit: ca. 30 Minuten (plus Garzeit)
Pro Portion ca. 680 kcal/2850 kJ
18 g E, 37 g F, 69 g KH

In einem Topf die Gemüsebrühe zum Kochen bringen und die Polenta einrühren. Kurz aufkochen lassen, den Herd ausschalten und die Polenta abgedeckt auf der warmen Herdplatte quellen lassen, dabei gelegentlich umrühren. Nach 20 Minuten das Pesto mit etwas Öl verdünnen und unter die Polenta rühren. Die getrockneten Tomaten in kurze Streifen schneiden und unterheben. Mit Kräutersalz und Pfeffer würzen.

Inzwischen Zwiebeln und den Knoblauch schälen und fein hacken. Spinat waschen, trocknen, putzen und in dünne Streifen schneiden. Den Thymian waschen, trocken schütteln, die Blättchen abzupfen und fein hacken.

Den Ofen auf 160 °C (Umluft 140 °C) vorheizen. In einer Pfanne 1 Esslöffel Olivenöl erhitzen, Zwiebeln und Knoblauch darin glasig dünsten. Spinat und Thymian zugeben und mitdünsten. Mit Salz und Pfeffer abschmecken.

Eine Auflaufform fetten und die Hälfte der Polenta einfüllen. Die Spinatmischung auf die Polenta geben und die restliche Polenta darübergeben. Die Oberfläche glatt streichen und mit 1 Esslöffel Olivenöl beträufeln. Die Spinat-Polenta auf der mittleren Schiene im Ofen ca. 30 Minuten backen.

Währenddessen die Pilze putzen und in Scheiben schneiden. In einer Pfanne ohne Fett unter Rühren so lange braten, bis das Wasser austritt und wieder verkocht ist. Dann im restlichen Olivenöl schwenken. Mit Ahornsirup und Pfeffer abschmecken und zur Ofen-Polenta servieren.

Gefüllte Papayaboote
mit Kartoffelspalten

Für 4 Portionen

500 g Kartoffeln
4 El Olivenöl
Salz
1 Tl Kreuzkümmelsamen
4 Papayas
4 Limetten
1 Bund Petersilie
160 g Heidelbeeren
100 g Räuchertofu
1 Zwiebel
1 Knoblauchzehe
2 El Rosinen
200 ml Kokosmilch
Chilipulver
Salz

Zubereitungszeit: ca. 45 Minuten
Pro Portion ca. 380 kcal/1600 kJ
10 g E, 19 g F, 40 g KH

Den Ofen auf 220 °C (Umluft 200 °C) vorheizen. Die Kartoffeln gründlich waschen und in Spalten schneiden. Mit 2 Esslöffeln Olivenöl vermengen und auf ein mit Backpapier ausgelegtes Blech geben. Im Ofen auf der mittleren Schiene ca. 30 Minuten goldbraun backen. Etwas Salz mit Kreuzkümmel in einen Mörser geben, zerreiben und über die Kartoffeln streuen.

Die Papayas längs halbieren und entkernen. Etwa die Hälfte des Fruchtfleisches herauslösen und klein würfeln. Die Limette halbieren, auspressen und den Saft über das verbleibende und das entnommene Fruchtfleisch der Papayas träufeln. Die Petersilie waschen, trocken schütteln und fein hacken. Die Heidelbeeren waschen, trocken tupfen und halbieren. Den Tofu abtropfen lassen und sehr fein würfeln. Zwiebeln und Knoblauch schälen und fein hacken.

1 Esslöffel Öl in einer Pfanne erhitzen und Tofuwürfel darin bei mittlerer Hitze 10 Minuten kross anbraten. Restliches Öl in einem Topf erhitzen, Knoblauch und Zwiebeln darin andünsten. Papayawürfel und Rosinen zugeben, mit Kokosmilch ablöschen und mit Chili und Salz abschmecken. Etwas einköcheln lassen, dann mit Heidelbeeren und Petersilie vermengen und in die Papayahälften füllen. Die Papayaboote mit den gebratenen Tofuwürfeln bestreuen und mit den Ofenkartoffeln servieren.

Quinoa-Bratlinge mit Dip

Für 4 Portionen

Für die Bratlinge:
200 g Quinoa
2 Süßkartoffeln
2 rote Zwiebeln
1 kleine rote Paprikaschote
2 Knoblauchzehen
2 Limetten
3 El Olivenöl
1 kleines Bund Petersilie
400 g gekochte Pintobohnen
(aus der Dose,
alternativ Kidneybohnen)
40 g Hanfsamen
(alternativ Sonnenblumenkerne)
1 El frisch gehackter Oregano
1 El gemahlener Kreuzkümmel
1 Ei (Größe L)

Für den Dip:
1 Knoblauchzehe
4 El saure Sahne
1 El Paprikapulver
1 Prise Chilipulver
2 El Zitronensaft
1 El Leinöl

Zubereitungszeit: ca. 45 Minuten
Pro Portion ca. 550 kcal/2300 kJ
16 g E, 22 g F, 40 g KH

Quinoa in einem Sieb waschen und abtropfen lassen. In einen Topf geben und in der doppelten Menge Wasser bei mittlerer Hitze und geschlossenem Deckel ca. 15 Minuten kochen und weitere 15 Minuten ausquellen lassen. Dabei gelegentlich umrühren.

Die Süßkartoffeln schälen, würfeln, in einen Topf geben, zu zwei Dritteln mit Wasser bedecken und bei geschlossenem Deckel ca. 20 Minuten weich garen. Dann mit einem Kartoffelstampfer zerstampfen oder mit einem Pürierstab pürieren.

Inzwischen die Zwiebeln schälen, die Paprikaschoten waschen und putzen und beides fein hacken. Knoblauch schälen und durch eine Knoblauchpresse drücken. Die Limetten auspressen. Zwiebeln, Paprika und Knoblauch mit 1 Esslöffel Öl in eine Pfanne geben und 5 Minuten dünsten. In eine große Schüssel füllen.

Die Petersilie waschen, trocken schütteln und fein hacken. Die Bohnen aus der Dose in einem Sieb abtropfen lassen und mit einer Gabel leicht zerdrücken. Mit Quinoa , Süßkartoffelpüree, Hanfsamen, Oregano, Kreuzkümmel und dem aufgeschlagenen Ei zu den Zwiebeln in die Schüssel geben und gründlich vermischen. Aus der Masse 8 Bratlinge formen und diese in der Pfanne mit restlichem Öl bei mittlerer Hitze ca. 6 Minuten pro Seite knusprig backen.

Für den Dip den Knoblauch schälen, durch eine Knoblauchpresse drücken und mit allen weiteren Zutaten sowie 80 ml Wasser mit einem Schneebesen zu einer homogenen Masse verquirlen.

Tipp!

Dazu passt ein grüner Salat mit bunten Tomaten und Essig-Öl-Dressing.

Ratatouille
mit Kartoffeln

Für 4 Portionen

700 g Tomaten
400 g Auberginen
300 g Zucchini
300 g Paprikaschoten
300 g Kartoffeln
2 Zwiebeln
2 Knoblauchzehen
5 Stängel Thymian
4 Zweige Rosmarin
3 El Olivenöl
Pfeffer
Kräutersalz
50 g Pinienkerne

Zubereitungszeit: ca. 25 Minuten
(plus Garzeit)
Pro Portion ca. 240 kcal/1030 kJ
9 g E, 15 g F, 18 g KH

Tomaten, Auberginen, Zucchini und Paprika waschen und putzen. Kartoffeln, Zwiebeln und Knoblauch schälen. Thymian und Rosmarin waschen, trocken schütteln, Blättchen abzupfen und fein hacken. Tomaten, Auberginen, Zucchini und Kartoffeln würfeln, Paprika in feine Streifen schneiden, Zwiebeln und Knoblauch fein hacken.

2 Esslöffel Öl in einer Pfanne erhitzen, Zwiebeln und Knoblauch darin bei mittlerer Hitze 2–3 Minuten glasig dünsten. Kartoffeln und 5 Minuten später die Tomaten und Paprika dazugeben und weitere 5 Minuten köcheln lassen. Dann Auberginen, Zucchini, Kräuter und restliches Öl dazugeben. Salzen und pfeffern. Bei kleiner Hitze und geschlossenem Deckel unter gelegentlichem Rühren ca. 10 Minuten köcheln lassen.

Die Pinienkerne in einer Pfanne ohne Fett rösten, bis sie aromatisch zu duften beginnen. Aus der Pfanne nehmen und vor dem Servieren über das Ratatouille streuen.

Tipp!
Dazu passen pro Portion 1–2 Scheiben Kräuterbaguette.

Asia-Wok-Gemüse
mit schwarzem Reis

Für 4 Portionen
200 g schwarzer Reis
150 g Zuckererbsenschoten
400 g Chinakohl
2 rote Paprikaschoten
1 Brokkoli
100 g Shiitake-Pilze
1 Knoblauchzehe
2 cm Ingwer
2 El Rapsöl
2 El Sojasauce
1 Tl Zitronensaft
1 Tl Honig
200 ml natriumarme Gemüsebrühe
3 El geröstetes Sesamöl
Chilipulver
Salz

Zubereitungszeit: ca. 25 Minuten
(plus Garzeit)
Pro Portion ca. 407 kcal/1706 kJ
13 g E, 14 g F, 57 g KH

Den Reis nach Packungsangabe garen. In der Zwischenzeit das Gemüse waschen und putzen. Chinakohl, Paprika und Pilze in feine Streifen schneiden, Brokkolistiel ebenfalls in feine Streifen schneiden, den Kopf in kleine Röschen zerteilen. Knoblauch und Ingwer schälen und fein hacken.

Das Öl in einer beschichteten Wokpfanne erhitzen und den Knoblauch darin kurz schwenken. Gemüse und Ingwer zugeben und alles unter gelegentlichem Rühren ca. 10 Minuten bei mittlerer Hitze braten, bis es bissfest ist.

Sojasauce mit Zitronensaft, Honig, Brühe und Sesamöl glatt rühren und mit dem Gemüse vermengen. Mit Chili und Salz abschmecken und mit dem schwarzen Reis servieren.

Tipp!
Schwarzer Reis gehört zu den Vollkornreissorten, ist besonders nährstoffreich und hat einen leicht nussigen Geschmack.

Hauptgerichte mit Fleisch & Fisch

Schwarzwurzel-Topf
mit Hähnchenbrust

Für 4 Portionen

1 Zwiebel
2 Knoblauchzehen
600 g Schwarzwurzeln
400 g Topinambur
200 g Hähnchenbrustfilet
2 El Olivenöl
500 ml Gemüsebrühe
400 ml Kokosmilch
1 Msp. Chilipulver
2–3 Tl Currypulver
1–2 Tl Kreuzkümmel (Kumin)
1–2 Tl Zitronengraspulver
Kräutersalz
100 g frischer Koriander
50 g Erdnüsse

Zubereitungszeit: ca. 30 Minuten
(plus Garzeit)
Pro Portion ca. 290 kcal/1220 kJ
24 g E, 15 g F, 14 g KH

Zwiebel und Knoblauch schälen und fein hacken. Die Schwarzwurzeln mit Handschuhen schälen und hacken. Den Topinambur sauber bürsten und ebenfalls hacken. Die Hähnchenbrust waschen, trocken tupfen und in 1 cm große Würfel schneiden.

Das Öl in einem Topf erhitzen. Zwiebeln und Knoblauch darin braun anbraten, Schwarzwurzeln und Topinambur dazugeben, kurz mitbraten und mit Gemüsebrühe und Kokosmilch ablöschen. Mit Chili, Curry, Kreuzkümmel, Zitronengras und Salz würzen und einmal aufkochen lassen. Für ca. 30 Minuten köcheln lassen, dann mit dem Pürierstab pürieren, bis eine homogene, cremige Suppe entsteht. Inzwischen den Koriander waschen, die Blättchen abzupfen und fein hacken. Die Erdnüsse ebenfalls hacken.

Die Hähnchenbrustwürfel für 5–10 Minuten in der Soße garen lassen. Den Eintopf nochmals mit den Gewürzen abschmecken und mit Koriander und Erdnüssen bestreut servieren.

Kartoffel-Erbsen-Pfanne
mit Putenbrust

Für 4 Portionen
600 g Pellkartoffeln
2 rote Zwiebeln
3–4 Stängel Rosmarin
3 El Bratöl
½ Bund glatte Petersilie
320 g Putenbrust
200 g Erbsen (frisch oder TK)
Pfeffer
Salz

Zubereitungszeit: ca. 35 Minuten
Pro Portion ca. 310 kcal/1290 kJ
26 g E, 9 g F, 31 g KH

Die Kartoffeln und Zwiebeln schälen und sehr fein würfeln. Den Rosmarin waschen, trocken schütteln, die Blättchen abzupfen und fein hacken. 2 Esslöffel Öl in einer Pfanne erhitzen und die Zwiebeln darin bei mittlerer Hitze 5 Minuten anbraten. Dann die Kartoffeln und den Rosmarin dazugeben und bei mittlerer Hitze und unter gelegentlichem Wenden 20 Minuten braun anbraten.

Inzwischen die Petersilie waschen, trocken schütteln, die Blättchen abzupfen und fein hacken. Die Putenbrust waschen, trocken tupfen und in sehr dünne Streifen schneiden, die Erbsen ggf. waschen, kurz blanchieren und in einem Sieb abtropfen lassen. Restliches Öl, Putenbruststreifen und Erbsen zu den Kartoffeln geben und 5–10 Minuten mitbraten, bis das Fleisch gar ist. Die Gemüse-Puten-Pfanne mit Pfeffer und Salz abschmecken und mit Petersilie bestreut servieren.

Hähnchenspieße
mit Paprika-Kartoffel-Püree

Für 4 Portionen

½ Bund glatte Petersilie
2 Stängel Salbei
1 kleines Bund Thymian
2 kleine Hähnchenbrusthälften
(à 250 g)
150 ml Olivenöl
4 große Kartoffeln
600 g Champignons
2 Schalotten, fein gehackt
8 Oliven, fein gehackt
Pfeffer
Paprikapulver
2 rote Paprikaschoten
Kräutersalz
150 g Walnusskerne, gehackt
Schale und Saft von
½ unbehandelten Zitrone

Zubereitungszeit: ca. 1 Stunde
(plus Marinierzeit)
Pro Portion ca. 910 kcal/3800 kJ
46 g E, 66 g F, 33 g KH

Die Kräuter waschen, trocken schütteln und die Blättchen getrennt voneinander fein hacken. Das Hähnchenfleisch abspülen, trocken tupfen, in 2 x 2 cm große Würfel schneiden. Mit 2 Esslöffeln Olivenöl, der Hälfte des Salbeis und einem Viertel des Thymians vermischen. 1 Stunde abgedeckt im Kühlschrank marinieren.

Den Backofen auf 160 °C vorheizen. Die Kartoffeln schälen, würfeln und in wenig Wasser ca. 20 Minuten garen. Die Champignons putzen und vierteln. 2 Esslöffel Öl mit der Hälfte der restlichen Kräuter, Pfeffer und Paprikapulver vermischen. Zwei Drittel der gehackten Schalotten und Oliven sowie die Champignons daruntermischen und alles in ein Päckchen aus Aluminiumfolie packen. Die Paprikaschoten waschen und mit etwas Olivenöl und Kräutersalz einreiben. Auf einem Rost oben in den Backofen schieben. Das Champignonpäckchen auf die mittlere Ofenschiene geben und 15 Minuten backen, dann herausnehmen. Die Paprika weiterbacken. Nach 25–35 Minuten, wenn die Haut dunkel ist und Blasen wirft, aus dem Ofen nehmen und abkühlen lassen. Dann die Haut abziehen und Kerngehäuse und Strunk entfernen. Die Walnüsse in einer Pfanne ohne Fett ca. 5 Minuten rösten. Die Paprikaschoten mit 70 g Walnüssen, 2 Esslöffeln Olivenöl und etwas Kräutersalz pürieren. Die Kartoffeln zu Püree stampfen und die Paprikamasse unterheben.

Die restlichen Walnüsse zusammen mit der restlichen Schalotte, den restlichen Kräutern, der Zitronenschale und dem -saft sowie 2 Esslöffeln Olivenöl in einem Blitzhacker fein hacken, mit Salz abschmecken. Die marinierten Hähnchenwürfel mit Kräutersalz würzen und auf Spieße stecken. 2 Esslöffel Öl in einer Grillpfanne erhitzen und die Spieße darin von allen Seiten ca. 3–4 Minuten braten. Die Spieße mit dem Paprika-Walnuss-Püree, den Champignons und der Kräuter-Zitronenpaste anrichten.

Zucchininudeln
mit Scampi

Für 4 Portionen
4 El Pinienkerne
8 Zucchini
3 Knoblauchzehen
½ unbehandelte Zitrone
150 g Kirschtomaten
5 El Olivenöl
200 g küchenfertige Scampi
Salz
Pfeffer

Zubereitungszeit: ca. 30 Minuten
Pro Portion ca. 270 kcal/1150 kJ
18 g E, 18 g F, 10 g KH

Die Pinienkerne in einer Pfanne ohne Fett rösten, bis sie aromatisch duften. Aus der Pfanne nehmen und zur Seite stellen.

Die Zucchini waschen, putzen und mit einem Spiralschneider zu Spaghetti schneiden. Alternativ mit einem Sparschäler längs dünne, breite Streifen abschälen und diese mit einem Messer in feine Streifen schneiden. Knoblauch schälen und in feine Scheiben schneiden. Die Zitrone heiß abwaschen, die Schale abreiben, den Saft auspressen. Die Tomaten waschen und halbieren.

Das Öl in eine tiefe beschichtete Pfanne geben und den Knoblauch darin andünsten, die Scampi dazugeben und kurz mitbraten. Die Zucchini-nudeln dazugeben und 3–5 Minuten mitbraten. Zitronensaft und -schale und Tomaten untermengen, mit Salz und Pfeffer abschmecken und mit den Pinienkernen bestreut servieren.

Barschfilet
mit Dillkartoffeln

Für 4 Portionen
800 g festkochende Kartoffeln
4 Zitronen
350 g Rot- oder Goldbarschfilet
Pfeffer
Kräutersalz
2 Schalotten
1 Bund Dill
300 g Kräuterseitlinge
2 El Bratöl

Zubereitungszeit: ca. 25 Minuten
(plus Garzeit)
Pro Portion ca. 280 kcal/1190 kJ
15 g E, 7 g F, 36 g KH

Den Backofen auf 180 °C (Umluft 160 °C) vorheizen. Die Kartoffeln in wenig Wasser bei geschlossenem Deckel ca. 20 Minuten kochen, dann pellen und in Scheiben schneiden.

Die Zitronen auspressen. Das Fischfilet waschen und trocken tupfen, mit etwas Zitronensaft beträufeln, salzen und pfeffern. Die Schalotten schälen, in feine Ringe schneiden und auf dem Fisch verteilen. Den Dill waschen, trocknen, von dicken Stielen befreien, hacken und zwei Drittel davon über den Fisch streuen. Den gewürzten Fisch in Alufolie einpacken und gut verschließen. Im Backofen ca. 15 Minuten backen.

Die Kräuterseitlinge putzen und vierteln. Das Bratöl in einer Pfanne erhitzen und die Kartoffelscheiben darin bei mittlerer Hitze anbraten. Die Kräuterseitlinge dazugeben und 3–4 Minuten mitbraten. Mit Pfeffer, Salz und dem restlichen Zitronensaft abschmecken und mit dem restlichen Dill bestreuen. Das Fischpäckchen aus dem Ofen holen und den Fisch mit den Dillkartoffeln servieren.

Lachs mit Zitronenpesto
und grünem Gemüse

Für 4 Portionen

Für das Gemüse:

1 Brokkoli
800–1000 g grüner Spargel
2–3 Zucchini
100 ml Hafersahne
Pfeffer
Kräutersalz
2 El Sonnenblumenkerne
4 El Sesam

Für das Pesto und den Fisch:

1 Bund Petersilie oder Basilikum
2 Knoblauchzehen
1 große unbehandelte Zitrone
4 El Lein- oder Olivenöl
1 Prise Salz
6 El Nüsse (z. B. Pinienkerne,
Cashewkerne, Walnüsse, Paranüsse,
Mandeln, Sonnenblumenkerne)
Pfeffer
2 Wildlachsfilets (à 250 g)

Zubereitungszeit: ca. 35 Minuten
(plus Garzeit)
Pro Portion ca. 590 kcal/2470 kJ
42 g E, 40 g F, 16 g KH

Den Backofen auf 160 °C (Umluft 140 °C) vorheizen. Brokkoli, Spargel und Zucchini waschen, das untere Drittel des Spargels schälen und die Spargelstangen schräg in ca. 3 cm lange Stücke schneiden. Zucchini und Brokkoli putzen. Brokkoli in kleine Röschen zerteilen, den Stiel in kleine Würfel schneiden. Zucchini halbieren und schräg in Scheiben schneiden. In einer Auflaufform mit Deckel die Hafersahne mit Pfeffer, Salz, Sonnenblumenkernen und Sesam vermischen und das Gemüse darin wälzen. Die Form abdecken und auf einem Rost in den Ofen stellen. Nach 10–15 Minuten den Deckel abnehmen und weitere 10 Minuten backen.

Inzwischen für das Pesto die Kräuter waschen und trocken schleudern. Den Knoblauch schälen und grob hacken. Die Zitronenschale abreiben und den Saft auspressen. Die Nüsse, je nach Größe, grob hacken. Alle Zutaten für das Pesto in einen Blitzhacker geben und zu einer homogenen Paste pürieren.

Den Lachs waschen und trocken tupfen. Auf ein mit Backpapier ausgelegtes Backblech legen und die Hälfte des Pestos auf der Oberfläche der Filets verteilen. Ca. 10 Minuten im Ofen backen.

Den Lachs mit Salz und Pfeffer würzen und mit dem restlichen Zitronenpesto und dem Gemüse servieren.

Knuspriger Lachs
mit Walnuss-Salsa-verde

Für 4 Portionen
Für die Salsa verde:
100 g Walnüsse
1 Bund Petersilie
6 Stängel Schnittlauch
3 Stängel Oregano
6 Stängel Thymian
1 Frühlingszwiebel
2 Tl Kapern
1 Knoblauchzehe
90 ml Olivenöl
Pfeffer
Kräutersalz

Für das Gemüse und den Fisch:
2 Fenchelknollen
1 rote Zwiebel
3 Möhren
4 El Bratöl
4 Lachsfilets ohne Haut
(à ca. 250 g)
1 El Limetten- oder Zitronensaft
Meersalz
Pfeffer aus der Mühle

Zubereitungszeit: ca. 45 Minuten
Pro Portion ca. 970 kcal/4060 kJ
56 g E, 79 g F, 12 g KH

Den Ofen auf 170 °C (Umluft 150 °C) vorheizen. Die Walnusshälften auf ein mit Backpapier ausgelegtes Backblech geben und im Ofen ca. 7 Minuten rösten, dann abkühlen lassen und grob hacken.

Inzwischen die Kräuter waschen, trocken schütteln, die Blättchen abzupfen und fein hacken. Die Frühlingszwiebel waschen und in feine Ringe schneiden. Die Kapern hacken, den Knoblauch schälen und ebenfalls fein hacken. In eine Schüssel Petersilie, Schnittlauch, Oregano und die Hälfte des Thymians geben und mit Knoblauch und Olivenöl verrühren. Mit Kräutersalz und Pfeffer abschmecken. Kapern, Frühlingszwiebel und die gerösteten Walnüsse zur Salsa verde geben und alles gründlich vermengen.

Den Fenchel waschen, putzen und in feine Streifen schneiden. Zwiebel und Möhren schälen, Zwiebel fein hacken, Möhren schräg in Scheiben schneiden. 3 Esslöffel Öl in einer Pfanne erhitzen, Zwiebel darin anbraten, dann Möhren und Fenchel zugeben und bei mittlerer Hitze unter gelegentlichem Wenden 10 Minuten garen. Das Gemüse mit Salz und Pfeffer abschmecken und mit dem restlichen Thymian vermengen.

Inzwischen das restliche Öl in einer großen beschichteten Pfanne erhitzen. Die Lachsfilets darin auf beiden Seiten für jeweils ca. 3 Minuten goldbraun und knusprig braten.

Den Limetten- oder Zitronensaft zur Salsa verde geben und unterrühren. Das Fenchelgemüse auf Teller verteilen. Jeweils ein Lachsfilet daraufsetzen, mit Salz und Pfeffer würzen und mit der Salsa verde servieren.

Gedünsteter Heilbutt
auf tunesische Art

Für 4 Portionen

400 g Heilbuttsteak mit Haut
Salz
Pfeffer
1 Tl gemahlener Kreuzkümmel
(Kumin)
1 kleine Chilischote
4 kleine rote Zwiebeln
2–3 Knoblauchzehen
2 Tomaten
2 Fenchelknollen
4 Stangen Sellerie
8 Kirschtomaten
3 El Olivenöl
4 Tl Tomatenmark
1–2 Tl gemahlene Koriandersamen
200 g schwarze Oliven
ca. 1 El Mehl
100 g Kapern
abgeriebene Schale von
1 unbehandelten Zitrone
100 g Cashewkerne

Zubereitungszeit: ca. 35 Minuten
(plus Zieh- und Garzeit)
Pro Portion ca. 490 kcal/2050 kJ
33 g E, 28 g F, 26 g KH

Den Fisch abspülen, trocken tupfen und in 4 Stücke teilen. Mit Salz, Pfeffer und der halben Menge Kreuzkümmel würzen. Abdecken und mindestens 1 Stunde kühl stellen. Die Chilischote waschen, entkernen und in sehr feine Streifen schneiden. Zwiebeln und Knoblauch schälen und hacken. Die Tomaten und den Fenchel waschen und klein würfeln, den Sellerie schälen und ebenfalls klein würfeln. Die Kirschtomaten waschen und halbieren.

1 Esslöffel Öl in einen Topf geben und zwei Drittel der Zwiebeln und die Chilistreifen darin ca. 10 Minuten bei kleiner Hitze dünsten. In einer tiefen beschichteten Pfanne 1 Esslöffel Öl erhitzen und die restlichen Zwiebeln darin 3–4 Minuten dünsten, bis sie weich sind. Die Tomatenwürfel zu den Zwiebeln in die Pfanne geben und ca. 7 Minuten mitköcheln, bis die ausgetretene Flüssigkeit verdampft ist. Fenchel und Sellerie dazugeben und mitbraten. Schließlich den Knoblauch zusammen mit Tomatenmark, Koriandersamen, Oliven sowie den gedünsteten Zwiebeln und Chilistreifen dazugeben und 200 ml Wasser dazugießen. Das Gemüse abgedeckt ca. 10 Minuten köcheln lassen.

Das restliche Öl in einer weiteren beschichteten Pfanne erhitzen. Den Fisch mit Mehl bestäuben und bei mittlerer Hitze auf der Hautseite für ca. 2 Minuten darin braten. Wenden und 1 Minute auf der anderen Seite braten. Die Gemüsesauce zum Fisch geben. Die Kirschtomaten, Kapern und Zitronenschale dazugeben und 1 weitere Minute köcheln lassen.

Den Herd ausschalten, die Pfanne abdecken und die Pfannenmischung 15 Minuten auf der warmen Platte ziehen lassen. Die Cashewkerne hacken und in einer Pfanne ohne Fett ca. 10 Minuten rösten. Die Fischpfanne mit Salz und Pfeffer abschmecken und mit den gehackten Cashewkernen garniert servieren.

Süßspeisen

Bananenkonfekt
mit Mandelmus

Für 4-6 Portionen

4 Bananen

100 g dunkle Schokolade
(70 % Kakao)

250 g weißes Mandelmus

40 g gehackte Mandeln

Zubereitungszeit: ca. 15 Minuten

Pro Portion ca. 580 kcal/2410 kJ

12 g E, 41 g F, 41 g KH

Die Bananen in ca. 1,5 cm dicke Scheiben schneiden. Die Schokolade hacken und im Wasserbad schmelzen.

Zwischen je zwei Bananenscheiben etwas Mandelmus streichen und die Bananenscheiben aufeinanderdrücken. Die Türmchen in die geschmolzene Schokolade tauchen, mit gehackten Mandeln dekorieren und auf einem Gitter trocknen lassen.

Tipp!

Zwischen die Bananenscheiben passt auch jedes andere Nuss- oder Kernemus.

Schoko-Dattel-Kugeln

Für ca. 40 Stück
30 Datteln
3 El Kokosöl
7 El Kakaopulver,
schwach entölt

Zubereitungszeit: ca. 15 Minuten
(plus Kühlzeit)
Pro Stück ca. 30 kcal/140 kJ
1 g E, 1 g F, 5 g KH

Die Datteln entkernen und, wenn sie eher hart sind, 15 Minuten in etwas Wasser einweichen.

Datteln, Kokosöl, 4 Esslöffel Kakaopulver und 3 Esslöffel Wasser in einen Blitzhacker geben und mixen, bis eine zähe Masse entstanden ist. Abgedeckt etwa 1 Stunde kalt stellen.

Mit feuchten Händen kleine Kugeln aus der Masse formen und im restlichen Kakaopulver wälzen.

Tipp!
Die Schokokugeln sind perfekt für den Süßhunger zwischendurch – gut verpackt halten Sie sich gekühlt mindestens 1 Woche.

Cashewkugeln
im Kokosmantel

Für ca. 50 Stück

60 ml Agavensirup
50 g Kokosraspel
150 g Cashewkerne
½ Tl gemahlene Vanille
1 Prise Salz
60 ml Kokosöl
3 El Kokosraspel zum Wälzen

Zubereitungszeit: ca. 15 Minuten
(plus Kühlzeit)
Pro Stück ca. 40 kcal/160 kJ
1 g E, 3 g F, 7 g KH

Alle Zutaten außer dem Kokosöl und den Kokosraspeln zum Wälzen in einen Blitzhacker geben und vermengen. Das Kokosöl im Wasserbad schmelzen und unter die Masse mischen. 45 Minuten kalt stellen.

Mit einem Teelöffel Stücke von der Masse abstechen und mit feuchten Händen zu Kugeln formen. In den Kokosraspeln wälzen.

Tipp!

Kokosöl gilt als eines der natürlichsten Öle mit zahlreichen guten Eigenschaften. Allerdings sollten Sie auf Bio-Qualität achten und ein kalt gepresstes, natives Kokosöl bevorzugen.

Himbeersorbet
mit Kumquats

Für 4 Portionen
500 g Himbeeren (frisch oder TK)
5 El Puderzucker
4 Kumquats

Zubereitungszeit: ca. 30 Minuten
(plus Gefrierzeit)
Pro Portion ca. 80 kcal/320 kJ
2 g E, 0 g F, 14 g KH

Die Himbeeren waschen oder auftauen lassen. Mit einem Stabmixer pürieren und mit dem Rücken einer Suppenkelle durch ein feines Sieb streichen. Den Puderzucker mit 100 ml Wasser in einen Topf geben, erwärmen und den Zucker auflösen. 5 Minuten köcheln lassen. Dann abkühlen lassen und mit den Himbeeren vermengen.

Die Masse in eine Metallschüssel geben und im Tiefkühler für 12 Stunden frieren. Dabei die Masse möglichst stündlich mit einem Schneebesen aufschlagen.

Die Kumquats waschen und in Scheiben schneiden. Mit einem Eisportionierer aus dem Sorbet Kugeln ausstechen, auf Gläser verteilen und mit den Kumquatscheiben dekorieren.

Tipp!
Wer eine Eismaschine hat, kann das Sorbet auch in der Eismaschine zubereiten. Dann geht es schneller.

Aprikosen-Pfirsich-Creme
mit Mandeln

Für 4 Portionen

6 Aprikosen
2 große Pfirsiche
1 Stängel Zitronenmelisse
80 ml Sahne
80 g Mandeln
1 El Ahornsirup

Zubereitungszeit: ca. 15 Minuten
Pro Portion ca. 240 kcal/1010 kJ
6 g E, 17 g F, 15 g KH

Die Aprikosen und die Pfirsiche waschen, abtrocknen, halbieren, entsteinen und fein würfeln. Die Zitronenmelisse waschen, trocken schütteln, die Blättchen abzupfen und fein hacken. Die Sahne steif schlagen. Die Mandeln fein hacken und in einer Pfanne ohne Fett bei niedriger Hitze rösten, bis sie aromatisch duften.

Die Aprikosen mit Ahornsirup, Zitronenmelisse und der Hälfte der Pfirsiche pürieren und die Sahne unterheben. Die Creme mit den gerösteten Mandeln und den restlichen Pfirsichstücken dekoriert servieren.

Kokosmilchreis
mit tropischen Früchten

Für 4 Portionen

200 g Vollkorn-Rundkornreis (Milchreis)
1 l Kokosdrink
8 El Kokosflocken
8 El gehackte Mandeln
1 Ananas
2 Mangos

Zubereitungszeit: ca. 35 Minuten
Pro Portion ca. 510 kcal/2140 kJ
10 g E, 17 g F, 76 g KH

Den Reis waschen und mit dem Kokosdrink in einen Topf geben. Kurz aufkochen. Danach bei kleiner Hitze 10 Minuten köcheln, dann 20 Minuten bei schwacher Hitze quellen lassen. Gelegentlich umrühren.

Inzwischen die gehackten Mandeln und die Kokosflocken in einer Pfanne ohne Fett bei niedriger Hitze anrösten, bis sie beginnen, aromatisch zu duften. Aus der Pfanne nehmen und beiseitestellen. Die Ananas und Mangos schälen. Das Mangofruchtfleisch vom Stein schneiden und zusammen mit der Ananas klein würfeln.

Das gewürfelte Obst unter den gegarten Reis mischen und mit den gerösteten Kokosflocken und Mandeln dekoriert servieren.

Getränke

Erdbeerlimo
mit Limetten

Für 4 Portionen

450 g süße Erdbeeren
6 unbehandelte Limetten
2 l stilles Wasser

Zubereitungszeit: ca. 10 Minuten
(plus Kühlzeit)
Pro Portion ca. 70 kcal/300 kJ
1 g E, 0 g F, 12 g KH

Die Erdbeeren und Limetten waschen, die Erdbeeren putzen. Beides in Scheiben schneiden und auf zwei Karaffen à 1 Liter verteilen.

Mit Wasser auffüllen, abdecken und die Limonade über Nacht, oder bis sie gekühlt ist, im Kühlschrank ziehen lassen. Zum Servieren in Gläser gießen.

Tipp!

Sie können die Limetten auch auspressen und die Erdbeeren pürieren. Beides mischen, etwas ziehen lassen und dann mit gekühltem kohlesäurehaltigem Mineralwasser aufgießen.

Pfirsichdrink
mit Salbei

Für 4 Portionen
2 Handvoll Salbeiblätter
8 Pfirsiche
1 l Mineralwasser (still
oder sprudelnd nach Belieben)

Zubereitungszeit: ca. 10 Minuten
Pro Portion ca. 100 kcal/420 kJ
2 g E, 0 g F, 22 g KH

Die Salbeiblätter vorsichtig waschen und trocknen. Die Pfirsiche waschen, entsteinen und in Würfel schneiden. Salbei und Pfirsichwürfel mit 200 ml stillem Wasser (aus der Flasche oder Leitungswasser) in einen Mixer geben und glatt pürieren oder in einem hohen Rührbecher mit dem Pürierstab glatt mixen.

Das Getränk in eine Karaffe füllen und mit kaltem Wasser (still oder sprudelnd) aufgießen. Nach Belieben mit Eiswürfeln servieren.

Tipp!
Die Pfirsiche können Sie auch durch Nektarinen oder Aprikosen ersetzen. Da Aprikosen weniger saftig sind, dann noch etwas mehr Wasser hinzugießen.

Wildkräuter-limonade

Für 4 Portionen

1 Handvoll gemischte
Wildkräuter, z. B. Giersch,
Waldmeister, Gundermann,
Orangenminze
(alternativ: Zitronenverbene,
Zitronenmelisse, Lemongras,
Nanaminze, 1 kleines Stück
Ingwer in Scheiben)
200 ml naturtrüber Apfelsaft
1 l Mineralwasser

Zubereitungszeit: ca. 10 Minuten
(plus Ziehzeit)
Pro Portion ca. 30 kcal/110 kJ
0 g E, 0 g F, 6 g KH

Die Kräuter vorsichtig waschen und trocken tupfen. Den Apfelsaft in ein Gefäß füllen, die Kräuter dazugeben und für ca. 3 Stunden im Apfelsaft ziehen lassen.

Den Apfelsaft durch ein Sieb in eine Karaffe füllen und mit Mineralwasser aufgießen. Bis zum Verzehr in den Kühlschrank stellen und nach Belieben mit Eiswürfeln servieren.

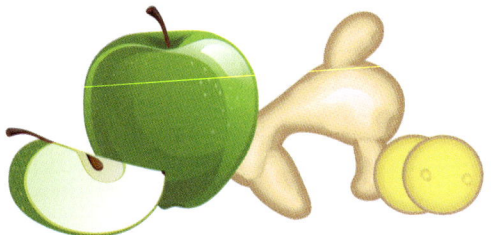

Mandel-Lavendel-Drink

Für 4 Portionen

80 g gehäutete Mandeln
2 Medjool-Datteln
(oder große Softdatteln
aus dem Bioladen)
1–2 Tl Lavendelblüten
2 Msp. Kardamon

Zubereitungszeit: ca. 5 Minuten
(plus Einweichzeit)
Pro Portion ca. 180 kcal/730 kJ
5 g E, 11 g F, 14 g KH

Die Mandeln in eine Schüssel geben, vollständig mit Wasser bedecken, abdecken und über Nacht einweichen lassen.

Am nächsten Tag die Datteln ebenfalls in eine Schüssel geben, mit Wasser bedecken und ca. 30 Minuten einweichen lassen.

Die Mandeln durch ein Sieb abgießen und unter fließendem Wasser spülen. Die Datteln ebenfalls abgießen. Anschließend alle Zutaten mit 1,2 l Wasser in einen Standmixer geben und fein pürieren.

Tipp!
Wer die sämige Konsistenz des Getränkes nicht mag, filtert es durch ein Passiertuch oder ein dünnes Baumwolltuch.

Cremiger
Mandel-Bananen-Kakao

Für 4 Portionen

250 g gehäutete Mandeln
2 Bananen
6 El Kakaopulver, schwach entölt
1 Msp. gemahlene Bourbonvanille
evtl. 2 Medjool-Datteln
nach Belieben 200 ml Milch
oder Mandelmilch

Zubereitungszeit: ca. 15 Minuten
(plus Einweichzeit)
Pro Portion ca. 530 kcal/2210 kJ
20 g E, 38 g F, 27 g KH

Die Mandeln ca. 1 Stunde in Wasser einweichen, danach das Wasser abgießen. 600 ml stilles Wasser, Mandeln, Bananen, Kakaopulver und Vanille in einen Standmixer geben und zu einem cremigen Getränk vermischen.

Wer es gern süßer mag, kann 2 Medjool-Datteln oder andere große, weiche Datteln in etwas Wasser einweichen und mitpürieren.

Den Kakao in einen Topf geben und auf dem Herd erwärmen. Nach Belieben Milch erwärmen, aufschäumen und den Kakao mit Milchschaum servieren.

Hanfshake
mit Heidelbeeren

Für 4 Portionen

4 Medjool-Datteln
(oder große Softdatteln
aus dem Bioladen)
600 g Heidelbeeren
500 g geschälte Hanfsamen
(alternativ gehäutete Mandeln)
1 Prise gemahlene Vanille oder
Zimtpulver

Zubereitungszeit: ca. 10 Minuten
(plus Einweichzeit)
Pro Portion ca. 876 kcal/3679 kJ
38 g E, 76 g F, 14 g KH

Die Datteln ca. 1 Stunde in wenig Wasser einweichen. Die Datteln abgießen, das Einweichwasser aufheben. Die Heidelbeeren waschen und verlesen.

Die geschälten Hanfsamen zusammen mit 1,2 l Wasser in einem Standmixer zu einer milchigen Flüssigkeit pürieren. Wem das Getränk zu cremig ist, gibt es durch ein feines Sieb oder ein Passiertuch und fängt nur die Flüssigkeit auf.

Den Hanf-Drink zusammen mit den Datteln, den Heidelbeeren und 1 Prise Vanille oder Zimt im Mixer pürieren, bis ein sämiger Shake entstanden ist. In eine Karaffe füllen und servieren.

Tipp!
Dieser Drink ist recht nahrhaft und kann auch gut zum Frühstück getrunken werden.

Wärmender
Minze-Ingwer-Tee

Für 4 Portionen
3 Handvoll frische Minzblätter
ca. 3 cm frischer Ingwer
1–2 Tl Honig

Zubereitungszeit: ca. 10 Minuten
(plus Ziehzeit)
Pro Portion ca. 10 kcal/50 kJ
0 g E, 0 g F, 3 g KH

Die Minzblätter waschen und trocknen. Den Ingwer schälen und in dünne Scheiben schneiden oder hobeln. Beides in eine Kanne geben und mit 1,2 l heißem oder siedendem Wasser übergießen.

Den Tee vor dem Servieren 5–10 Minuten ziehen lassen. Je länger man ihn ziehen lässt, desto schärfer wird er. Den Tee durch ein Sieb in Tassen oder Gläser gießen und nach Belieben mit wenig Honig süßen.

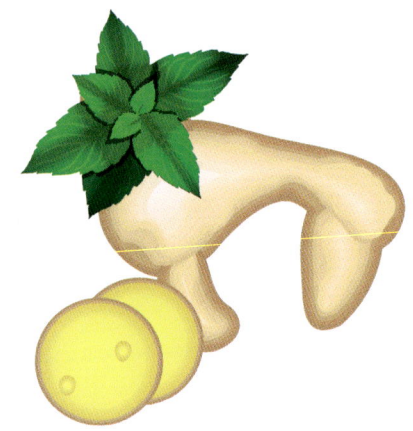

Abkürzungen

cm = Zentimeter

E = Eiweiß

El = Esslöffel

F = Fett

g = Gramm

kcal = Kilokalorien

KH = Kohlenhydrate

kJ = Kilojoule

l = Liter

ml = Milliliter

Msp. = Messerspitze

TK = Tiefkühlprodukt

Tl = Teelöffel

Bildnachweis

Rezeptfotos: TLC Fotostudio

Sonstige Fotos:

Fotolia.com: S. 9, 10: © michaeljung, S. 12: © Konstantin Yuganov

Illustrationen:

Fotolia.com:

S. 7: © sveta

S. 18, 21 (Birne), 23, 26 (Beeren), 29, 30, 33, 34, 39, 41 (Zwiebel), 42, 45 (Apfel, Aprikose), 53 (Möhren), 54 (Zwiebel), 58 (Mais), 70, 79 (Spargel), 82 (Zwiebel), 90 (Spargel), 97, 103, 104, 106, 108, 111 (Früchte), 115, 116 (Apfel), 119, 121 (Bananen), 122: © Marina Gorskaya

S. 18, 21, 24 (Rucola), 41 (Knoblauch, Frühlingszwiebel), 46 (Paprikaschote), 49, 50 (Knoblauch), 54 (Hähnchen, Knoblauch, Petersilie, Frühlingszwiebel), 57, 58 (Chili), 67, 68, 75, 77 (Paprika, Erbsen), 79 (Fisch, Garnele, Zwiebel), 81 (Zwiebel, Knoblauch), 82 (Petersilie), 87, 89 (Fisch), 90 (Brokkoli), 121 (Mandeln): © macrovector

S. 21 (Melone), 24 (Birne), 26 (Banane, Orange), 33, 21, 46 (Tomate), 53 (Orange), 79, 89 (Zitrone), 112: © Sentavio

S. 45 (Sellerie), 50 (Kürbis), 58 (Salat), 61, 62, 77 (Kohl), 81 (Schwarzwurzeln), 82 (Erbsen), 111, 116, 124 (Ingwer): © iconshow